AF362941

Manual del comercio electrónico

Eva María Hernández Ramos

Luis Carlos Hernández Barrueco

Colección: Gestiona
Director: David Soler

Manual del comercio electrónico
1.ª edición, 2018
2.ª edición, 2020

© 2018, Eva María Hernández Ramos, Luis Carlos Hernández Barrueco
© 2018, de esta edición, incluido el diseño de la cubierta, ICG Marge, SL

Edita: Marge Books
València, 558 – 08026 Barcelona
Tel. 931 429 486 - marge@margebooks.com
www.margebooks.com

Edición: Núria Gibert
Compaginación: Mercedes Lara
Impresión: Prodigitalk, SL (Martorell, Barcelona)

ISBN edición impresa: 978-84-18532-36-8
ISBN edición digital: 978-84-18532-37-5
Depósito Legal: B 19440-2020

Reservados todos los derechos. Ninguna parte de esta edición, incluido el diseño de la cubierta, puede ser reproducida, almacenada, transmitida, distribuida, utilizada, comunicada públicamente o transformada mediante ningún medio o sistema, bien sea eléctrico, químico, mecánico, óptico, de grabación o electrográfico, sin la previa autorización escrita del editor, salvo excepción prevista por la ley. Diríjase a Cedro (Centro Español de Derechos Reprográficos, www.conlicencia.com) si necesita fotocopiar, escanear o hacer copias digitales de algún fragmento de esta obra.

El papel empleado en este libro no ha sido blanqueado con cloro elemental (Cl_2).

Índice

AURUM

AURUM

Los autores

Eva María Hernández Ramos (Alicante, 1981) es licenciada en Derecho por la Universidad de Alicante y ha cursado lengua alemana en la Universidad de Heidelberg (Alemania). Sus áreas de especialización son los negocios internacionales, y el derecho mercantil y societario. Cursó el Máster en Dirección de redes sociales y marketing digital por la Universidad de Alicante; estudios de nuevas tecnologías y protección de datos, y el Máster Executive en *Supply chain*, transporte y logística por el Instituto ISIT y la Fundación ADL. Es la primera mujer certificada en España como maestra de cargas y estiba en camión y contenedor. En su experiencia profesional destaca su colaboración como abogada de Quality Resorts y de Grupo Levantina. Actualmente es directora del área legal de grupo Inex Inversiones y responsable jurídica de iSEC.

Colaboradora de *Aquí Medios de Comunicación* sobre temas jurídicos y negocios actuales. Es coautora de *Manifiesto ciberhumanista* y creadora de varios estándares y publicaciones en materia de logística, transporte, privacidad e innovación. Formadora de máster y programas de posgrado en universidades e instituciones. En 2017 obtuvo el primer premio a la Innovación por Mideamérica, en aportación a sus 50 ideas de mejora en nuevos modelos de negocio digitales.

Luis Carlos Hernández Barrueco (Vitoria, 1972) es licenciado en Ciencias Políticas por la Universidad del País Vasco. Cursó el Máster en Dirección Logística Integral (CSG), estudios de Comisario de Averías (Colegio Oficial de la Marina Mercante) y posee otros títulos relacionados con la Dirección Logística integral, Calidad, PRL y *Management.*

Tras veinte años de desempeño en el sector logístico, tiene experiencia en todos sus ámbitos, donde ha ocupado puestos de responsabilidad en empresas multinacionales, como jefe de planta en Steco-Allibert, adjunto al director de Operaciones en Norbert Dentressangle, director de Logística y Control de la Producción en Faurecia y responsable de Logística en Levantina y Asociados de Minerales.

También ejerce como profesor de Logística y ha diseñado los campus virtuales de diversas escuelas de negocios. Está especializado en la educación 3.0, con el empleo de tecnologías como la realidad aumentada o simuladores, campo donde realizó el primer curso de aprendizaje online con Google Glass y Epson Moverio BT200.

Introducción

Se denomina **comercio electrónico** a un tipo de transacción comercial que se realiza mediante uno o varios medios electrónicos, tales como computadoras, tablets, teléfonos celulares, relojes, gafas inteligentes o televisiones, con conexión a internet.

Desde su nacimiento, el comercio electrónico ha tenido un espectacular desarrollo, pero también ha generado muchísimas dudas sobre cómo llevarlo a cabo.

Conceptos como la e-logística, la ciberseguridad o el marketing online son de uso relativamente reciente. Es por ello que cuando se pretende crear o desarrollar una actividad comercial online, hay que formarse y entender los conceptos y los procesos necesarios para abordar el proyecto con éxito.

En este manual, partiendo de una introducción histórica y de conceptos generales, se abordan los aspectos más importantes de las normativas legales y de las operativas comerciales y logísticas del comercio electrónico.

Normativas del comercio electrónico

Uno de los objetivos de este manual es informar y aportar modelos para la configuración de avisos legales, identificación del prestador de servicios, definiciones generales contenidas en la legislación, política de privacidad y su regulación, contenido de condiciones generales de contratación, entre otros, además de ordenar las principales novedades de regulación de actividades comerciales por vía electrónica, desde una perspectiva práctica.

Exponer todos los modelos de negocio que puede abarcar la práctica del comercio electrónico resultaría imposible, pero sí dar unas pautas sencillas y generales de los requisitos que identifica la normativa legal para la regulación de las tiendas online. Por otro lado, siempre es conveniente consultar a un profesional del ámbito jurídico, en caso de tener cualquier duda sobre cómo aplicar las medidas legales y las recomendaciones de este manual para un comercio online. Cada empresa es diferente y debe indicar determinadas pautas en sus condiciones generales de contratación y en sus avisos legales, de privacidad y de *cookies*.

AURUM

Fichas de microformación

La estructura de este libro responde a la metodología de aprendizaje AURUM. Se basa en la microformación, un sistema didáctico que permite que los contenidos se presenten en fichas independientes donde en cada una se aborda y resuelve un tema específico.

El contenido de cada ficha se presenta a su vez formando apartados que tratan la definición de cada tema, y ofrecen diferentes enfoques que facilitan la comprensión de procesos o aplicaciones y la asimilación de soluciones prácticas, ejemplos o fórmulas, entre otros aspectos clave.

Por este motivo, dependiendo de los temas que se tratan, cada ficha puede contener, por ejemplo:

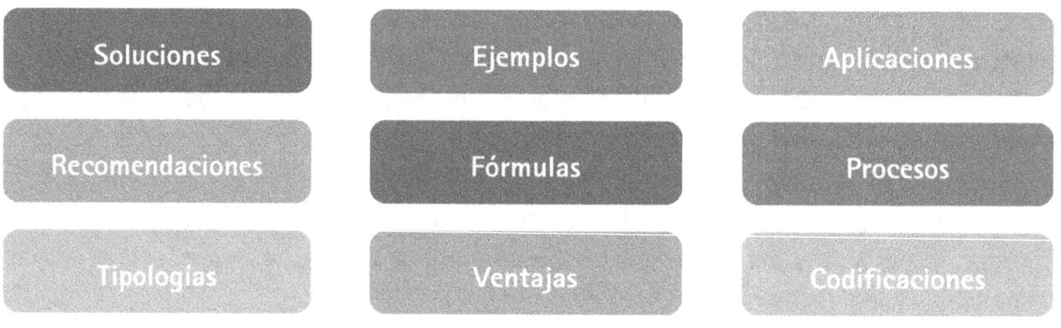

Asimismo, numerosas fichas se complementan con informaciones que permiten ampliar conocimientos específicos y enlaces a contenidos presentados en formato audiovisual:

 Información adicional de interés.

 Códigos QR con enlaces a internet.

 Las fichas de microformación presentan contenidos didácticos con un elevado nivel cualitativo. La metodología AURUM prioriza los aspectos significativos de la información y permite comprender con facilidad temáticas complejas.

Manual del comercio electrónico

H1

El comercio electrónico. Historia y desarrollo

¿Qué es una tienda online?

Una tienda online, también conocida por sus denominaciones en inglés, *on line shop* o *eShop*, es un tipo de comercio que realiza sus **operaciones de compraventa a través de una web** o de una aplicación para dispositivos móviles.

Las tiendas online usan las webs o las aplicaciones a modo de escaparate, ofreciendo una gran diversidad de productos o servicios que se presentan de manera atractiva.

Estrategia

Las tiendas online operan en un entorno muy diferente a los espacios físicos tradicionales. Por ello, tienen determinadas formas de trabajar, que las hacen únicas:

- En lugar de un buen espacio físico, buscan un **buen posicionamiento web** en internet, gracias a herramientas como el SEO *(search engine optimization)*, SEM *(search engine marketing)*, etc.
- Frente a la publicidad física tradicional, estas tiendas suelen contratar publicidad en otros lugares online y portales de venta masiva.
- Su escaparate es su **diseño web,** que busca ser lo más atractivo posible.
- Dado que no pueden verse físicamente, los productos o servicios se representan mediante imágenes seductoras –pueden ser imágenes *flash* o de realidad aumentada para poder rotarse– y amplia información sobre los mismos.
- Suelen disponer de herramientas para la comparación de productos.
- Los **precios suelen ser sensiblemente inferiores** a los de las tiendas físicas tradicionales.
- Su gran ventaja es la comodidad de hacer un pedido sin tener que desplazarse y recibirlo en el lugar indicado, acorde a un plazo pactado.
- Utilizan **medios de pago seguros,** que transmiten confianza.

¿Cuáles son los principales hitos del comercio electrónico?

Hoy en día el comercio electrónico está muy presente en nuestras vidas. Sin embargo, se trata de un fenómeno relativamente reciente. Sus principales hitos suelen sorprender por la poca antigüedad y gran evolución que han experimentado en un corto espacio de tiempo.

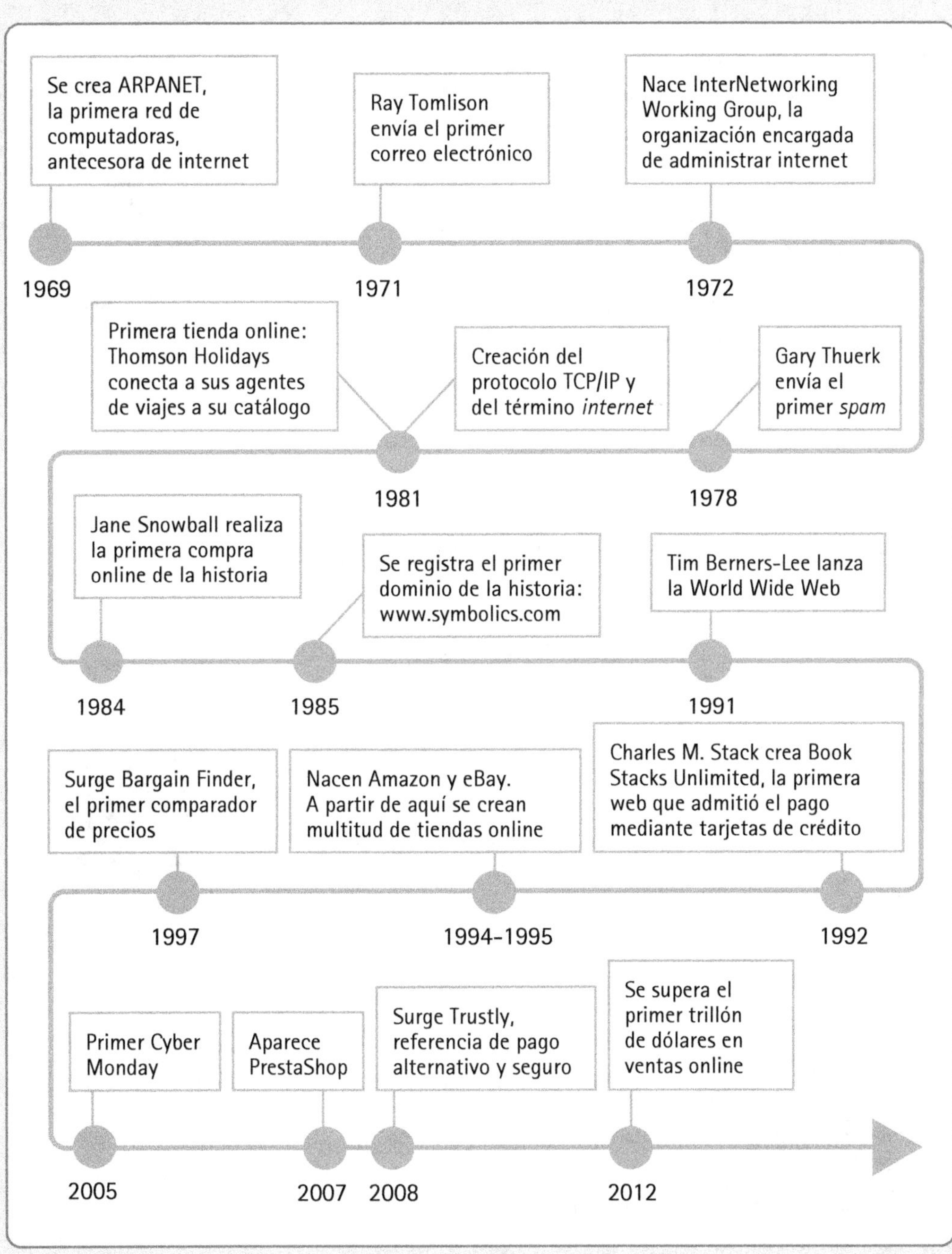

AURUM

¿Cuándo surgió el comercio electrónico en la telefonía móvil?

Esta modalidad de comercio electrónico tiene sus bases en el desarrollo de los **teléfonos inteligentes** –también conocidos como *smartphones*–, así como en otra serie de dispositivos móviles como las tablets.

- 1994-2001: fase I; generación 2G. Aparición de los teléfonos inteligentes y de las aplicaciones para dispositivos móviles. Tecnología digital y transmisión de datos a baja velocidad.

  - 1994: IBM lanza el IBM Simon, el primer teléfono inteligente. Contaba con pantalla, correo electrónico, programas (ahora llamados aplicaciones o *app)*, conexión a computadora, etc.

  - 1997: aparece el Ericsson GS88, el primer teléfono con navegador y otras funciones apropiadas para el *m-commerce.*

  - 1997-2001: marcas como Nokia, Blackberry, y otras comienzan a lanzar teléfonos inteligentes.

- 2001-2009: fase II; generación 3G. MMS, EMS y GPRS permiten mayor velocidad y contenidos multimedia.

  - 2001: Amazon lanza su primera plataforma de comercio electrónico para telefonía móvil.

  - 2002: aparece el Blackberry 5810, con conexión por GPRS y entrada USB.

  - 2007: Steve Jobs lanza el iPhone y revoluciona el mercado con un nuevo concepto de teléfono y de negocio.

- 2010: fase III (actualidad); generación 4G. Banda ancha, itinerancia de datos y mercado masivo.

  - La mayor parte de las transacciones se realizan mediante el uso de las aplicaciones para dispositivos móviles o *app.*

  - Además de comprar productos, este tipo de dispositivos permite la adquisición de servicios de pago, tales como música, películas, libros, etc., descargables.

AURUM

Historia de las principales tiendas online

Hoy en día muchas de las mayores empresas de comercio del mundo no disponen de ninguna tienda física. Veamos la historia de algunas de ellas:

Amazon. Jeff Bezos trabajaba para una compañía de Wall Street cuando vio que una empresa de comercio electrónico crecía al 2300 % anual. Ello le motivó a investigar y a generar un nuevo modelo de negocio. Dejó todo lo que tenía y montó, en 1994 en un garaje y con dinero prestado de su padrastro, Cadabra, que luego llegaría a ser Amazon. Su idea inicial era ser la librería más grande del mundo.

eBay. Pierre Omidyar fundó esta empresa en 1995 a partir de una idea que tuvo conversando con su novia sobre las figuras que acompañaban a los caramelos Pez. Decidió crear una web de subastas y la fórmula tuvo un gran éxito y pronto el número de usuarios empezó a crecer notablemente. En 1998 salió a bolsa. En 2002 compró la plataforma PayPal y en 2005 Skype.

Rakuten. Fundada por Hiroshi Mikitani en 1997 como web B2B y B2C. Pocos años después, en 2000, salió a bolsa y creció exponencialmente. Comenzó a desarrollar y ofrecer multitud de nuevos servicios y fórmulas. Adquirió empresas como Viber e inició actividades de servicios como televisión y otros, a escala internacional.

Grupo Alibaba. En 1999, Jack Ma y 17 socios fundaron Alibaba con la idea de poner en contacto a empresas chinas y extranjeras con seguridad en la red. El nombre de Alibaba fue elegido tras comprobar que era muy conocido por todo el mundo. Tuvo un gran éxito y amplió el grupo con empresas como Taobao (similar a eBay), eTao (un comparador de precios) y Aliexpress (una plataforma B2C).

Vente-privee fue fundada por Jacques-Antoine Granjon en 2001. Ya trabajaba como liquidador de existencias y al percatarse del éxito del pujante comercio electrónico pensó en fusionar ambos conceptos. El éxito fue rotundo y hoy en día lidera en internet la venta de saldos en numerosas categorías.

H2 Modalidades de comercio electrónico

¿Qué es el B2B y cuáles son sus características?

B2B es el acrónimo de *business-to-business* o **«de empresa a empresa».** Se trata de un tipo de comercio electrónico que se realiza exclusivamente entre empresas. Puede haber distintos tipos de empresas usuarias y canales.

- **Fabricantes:** intentan dirigir su producto o servicio hacia otras empresas fabricantes, comercializadoras o distribuidoras.

- **Distribuidoras:** pueden comercializar productos o servicios de una o de múltiples empresas fabricantes aprovechando su control sobre esta modalidad comercial.

- **Establecimientos comerciales:** venden productos o servicios muy diversos, con alguna ventaja sobre la compra directa al fabricante.

Características

Las webs y las actividades comerciales B2B poseen habitualmente unas determinadas características:

- Es muy importante conocer en profundidad los canales de venta de esta modalidad (buscadores verticales, comparadores de precios, etc.) frente al B2C u otras.

- En ocasiones, suelen agruparse diversas empresas en torno a webs especializadas para acotar un determinado mercado.

- Suele utilizarse un cierto argot, dado que va dirigido a un público profesional.

- En cuanto al método de pago, suele haber opciones de apertura de cuenta con algunas ventajas en el plazo frente a la venta a particulares.

- Tiene gran importancia la existencia de ventajas económicas frente a los canales comerciales más tradicionales.

¿Qué es el B2C y cuáles son sus características?

B2C es el acrónimo de *business-to-customer* o **«de empresa a persona consumidora».** Se trata de un tipo de comercio electrónico que se realiza principalmente desde empresas a clientes particulares, es decir, personas físicas. Es la modalidad más extendida y facilita la relación entre empresas fabricantes, distribuidoras o establecimientos comerciales con consumidores finales.

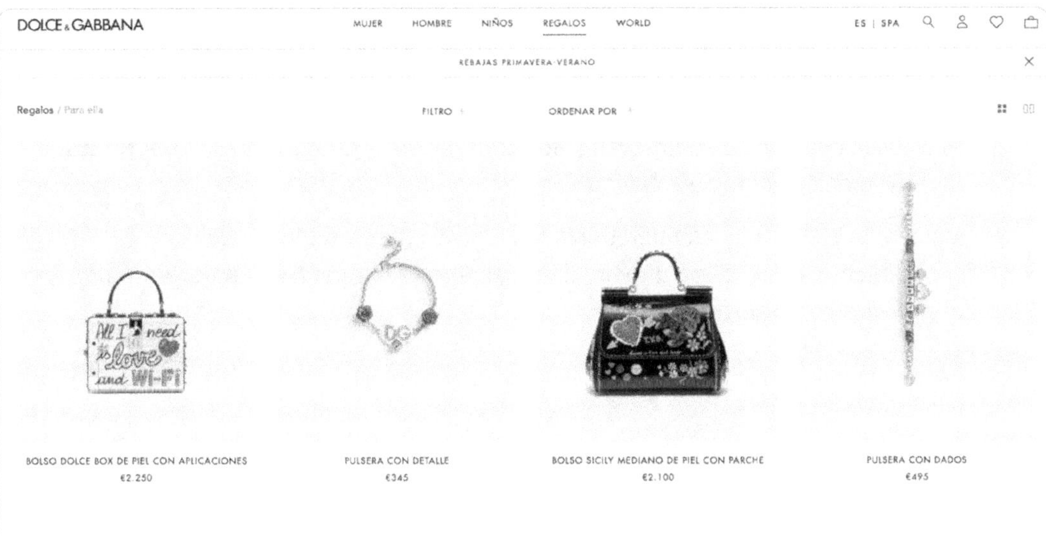

Características

Las webs y las actividades comerciales B2C suelen tener estas características:

- Un punto clave es el posicionamiento SEO o SEM para aparecer adecuadamente en las búsquedas en internet, ya que la competitividad es muy elevada.

- Las web han de poseer un gran atractivo visual.

- Suele hacerse uso de marketing online, aunque también se utilizan los canales tradicionales, a fin de posicionar adecuadamente una web, al menos en su origen.

- El sistema de pago suele ser por anticipado, mediante tarjeta de crédito u otros medios de pago seguros.

- Las entregas pueden hacerse a domicilio o en puntos concertados y con plazos de entrega muy cortos.

- Es muy importante cómo se ven los productos o servicios, por lo que suelen emplearse fotografías desde diferentes ángulos, de 360°, objetos de realidad aumentada, etc.

¿Qué es el C2C y cuáles son sus características?

El **C2C,** de *customer-to-customer* o **«de consumidor a consumidor»** es un tipo de comercio electrónico que se ocupa de las compraventas entre particulares.

Dentro de esta categoría se incluyen, por ejemplo, las webs que se dedican a la venta de artículos de segunda mano, los portales de subastas, las webs de servicios entre particulares, etc.

- En este tipo de webs no prima tanto el diseño, sino la capacidad de buscar productos con facilidad o la cantidad de productos o servicios ofertados.

- Las webs deben contar con mecanismos para poder filtrar datos desde diferentes criterios; precio, valoración, calidad, etc.

- También en el C2C hay comparadores de precios entre diferentes webs. Especialmente, es el caso del mercado de alquileres inmobiliarios o de venta de automóviles entre particulares.

 En las webs C2C pueden combinarse las ofertas con otros tipos de comercio electrónico, como el B2C. Ejemplos de ello son Soloautos, en México, o Autoscout24, en España, que ofrecen venta de vehículos entre particulares, pero también de vendedores profesionales a particulares.

Soloautos   Autoscout24

¿Qué es el B2A y cuáles son sus características?

B2A es el acrónimo de *business-to-Administration* o **«de empresa a Administración»** y es el tipo de comercio electrónico que cubre todas las transacciones online entre las empresas y la Administración pública (servicios en áreas como la Seguridad Social, empleo, fiscal...). También se conoce como **B2G** *(business-to-Government)*.

Realmente, no en todos los servicios hay pagos, pero sí en muchos de ellos. También puede haber herramientas para facilitar relaciones, como los foros.

Servicios

Las webs B2A ofrecen servicios tales como:

- Pago de impuestos.
- Ayudas y subvenciones.
- Licitaciones públicas.
- Consultas sobre legislación aplicable.
- Rellenado de formularios.
- Solicitud de permisos para actividades comerciales o industriales.
- Entrega de documentación por vía electrónica.
- Consultas sobre países, moneda u otras informaciones de interés.
- Puesta en marcha de empresas.
- Realización de trámites administrativos para la importación o exportación.

¿Qué es el C2A y cuáles son sus características?

El **C2A** es un tipo de comercio electrónico entre **la Administración y la ciudadanía** (de *citizens-to-Administration*). Es similar al modelo B2A (de empresa a Administración), pero cambia a quién va dirigido. También puede llamarse **C2G** *(citizens-to-Government)*.

En este caso, son las personas físicas, la ciudadanía, quienes pueden realizar múltiples gestiones sin tener que presentarse expresamente en las oficinas de la Administración.

Servicios

Entre otros, estos son algunos servicios que ofrece el C2A:

- Solicitud de ayudas o subvenciones.
- Pago de impuestos o tasas.
- Solicitudes de permisos de obras.
- Obtención de carnets de identidad o pasaportes.
- Rellenado de formularios.
- Consultas sobre empleo.
- Consultas sobre el estado de un trámite.
- Información sobre procedimientos.
- Información sobre temas urbanísticos o sociales.
- Campañas de concienciación ciudadana.

¿Qué es el G2B y cuáles son sus características?

El **G2B** es un tipo de comercio electrónico que se ocupa de canalizar las acciones e iniciativas de la **Administración hacia las empresas.** A través de este canal, se facilita comunicar, tramitar o licitar, entre otras actividades posibles.

Es el acrónimo de *Government-to-business.* También puede llamarse **A2B,** de *Administration-to-business.*

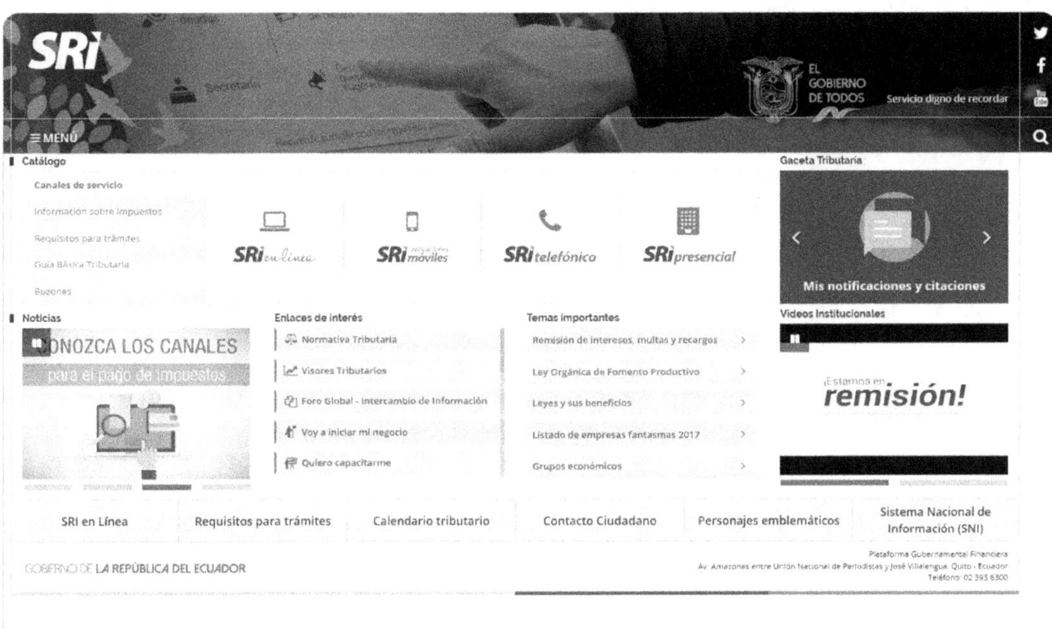

Servicios

El G2B sirve para que la Administración pueda realizar acciones como:

- Envío de información hacia las empresas.
- Facilitar opciones de licitación.
- Agilizar tramitaciones administrativas de muy diversos tipos.
- Introducir elementos que dinamicen un sector económico.
- Generar sinergias entre las empresas.

La diferencia con el modelo B2A (de empresa a Administración) reside en el flujo. Aquí es la administración pública la que toma la iniciativa y se dirige hacia las empresas.

¿Qué es el G2G y cuáles son sus características?

G2G es el acrónimo de *government-to-government* y es un tipo de comercio electrónico **entre administraciones públicas.**

Puede realizarse desde una organización política o económica supraestatal hacia los estados (como ocurre en la Unión Europea, por ejemplo); de los estados hacia las comunidades o regiones autónomas, las entidades de ámbito provincial, las alcaldías de pueblos y ciudades, etc.; o desde estos últimos hacia los distritos, barrios u otros tipos de comunidades locales.

- Como portales públicos suelen servir para compartir información entre diferentes niveles o ámbitos de la Administración.

- Puede analizarse el estado de un trámite, una información de otros niveles, etc.

- Pueden utilizarse para realizar trámites en distintos niveles paralelamente.

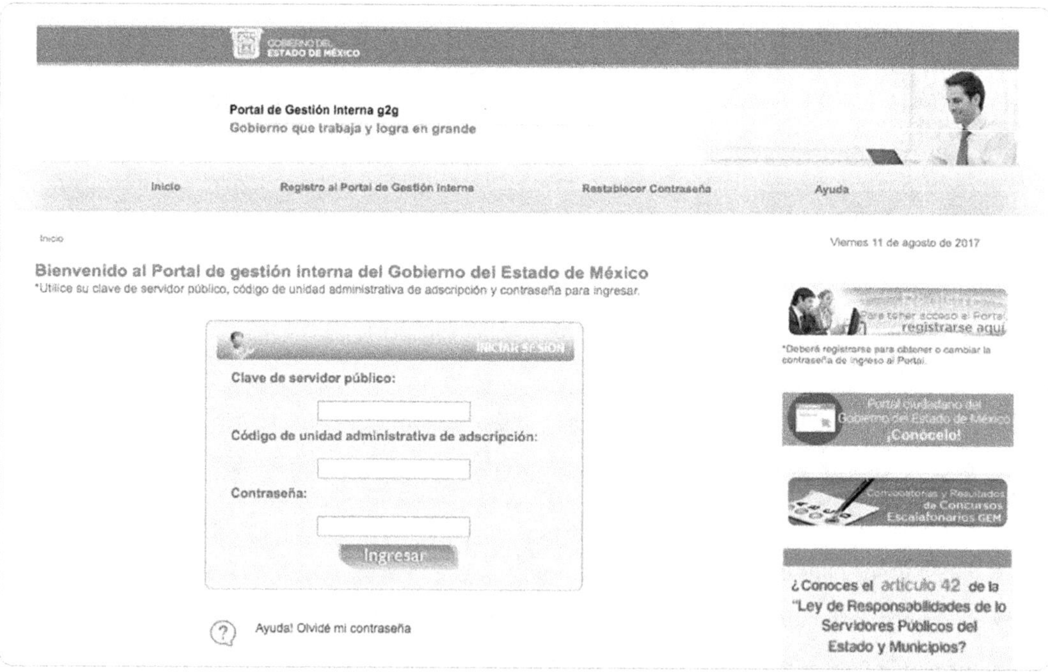

- Para acceder a este tipo de webs hay que disponer de una clave autorizada.

- En general, el acceso a los apartados de la web está acotado a los permisos que tenga cada persona que lo utilice.

¿Qué es el B2E y cuáles son sus características?

B2E es el acrónimo de *business-to-employee.* Se trata de un tipo de portal **entre las empresas y su personal,** con múltiples posibilidades. Estas webs se han constituido como una herramienta muy común y versátil.

Son portales corporativos a los que se entra siempre con una clave de acceso privada que permite acceder a una serie de materias o apartados en función de cada configuración personal.

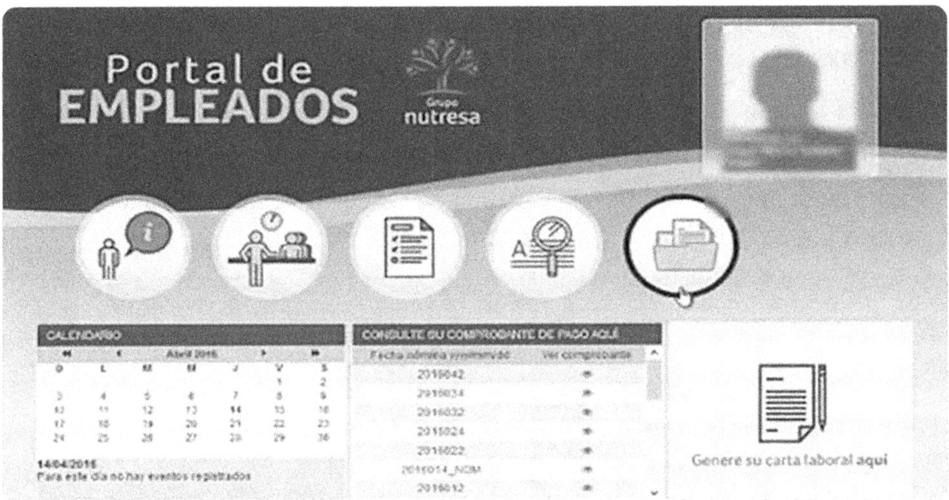

Servicios

Las webs B2E ofrecen servicios tales como:

- Noticias de la empresa.
- Ajuste de calendarios laborales.
- Tramitación de solicitudes de vacaciones o permisos.
- Solicitud de equipos de telefonía, informática, ropa o equipos de protección individual (EPI).
- Solicitud de nóminas o planillas.
- Solicitud de historiales laborales.
- Gestión de citas en el servicio médico de la empresa.
- Consultas sobre el pago flexible o en especie.
- Directorio de contactos internos.
- Gestión del acceso a programas formativos (campus online interno).

¿Qué es el C2B y cuáles son sus características?

C2B es el acrónimo de *consumer-to-business* o **«de persona consumidora a empresa».** Se trata de un tipo de portales opuestos al B2C (de empresa a persona consumidora) en el que las empresas ofrecen sus productos. En este caso, quienes van a consumirlos crean el flujo hacia las empresas.

Algunos ejemplos de C2B son:

- Portales en los que las personas consumidoras publican sus demandas para identificar qué empresa puede darles una oferta en este sentido. Son muy habituales en servicios de la construcción.

- Portales en los que quienes ya han consumido un producto o servicio puntúan a las empresas o establecen reseñas sobre las mismas que a estas les aporta valor.

- Foros con gran capacidad de convocatoria en los que las empresas pueden ofertar descuentos, anunciarse con *banners* publicitarios, etc.

H3 Marco regulatorio del comercio electrónico

¿Qué respuestas ofrece la normativa legal?

En esta área temática vamos a tratar sobre la normativa legal que afecta al comercio electrónico y sus prácticas. Con ello aportamos soluciones a preguntas como estas:

- Tengo un negocio online o una web, ¿qué requisitos debo cumplir para hacer una buena campaña legal de multienvíos por correo electrónico?

- ¿Soy un prestador de servicios de la sociedad de la información?

- Tengo un blog personal, ¿me aplica la legislación vigente sobre los servicios de la sociedad de la información o los de comercio electrónico? ¿Debo cumplir sus disposiciones y elaborar avisos legales para mi espacio de internet?

- He adquirido un producto por correo electrónico o en una tienda online: ¿qué debo conocer? o ¿qué información debe proporcionarme la empresa vendedora de manera obligatoria?

- Tengo una tienda online, ¿cómo debo redactar el aviso legal o la página de privacidad, y qué son y para qué sirven, qué leyes los regulan y qué información debo proporcionar siempre?

Estas cuestiones y otras muchas se resuelven de forma esquemática en este manual. No obstante, siempre es conveniente consultar las normativas vigentes en cada país.

¿Cómo se regula el comercio electrónico?

El comercio electrónico se puede prestar por medio de computadora *(e-commerce)*, televisión *(t-commerce)* o teléfono celular *(m-commerce)*.

Está regulado por numerosas normativas en materia de **comunicaciones electrónicas** y también por materias generales, como pueden ser las leyes que protegen la propiedad intelectual (a los artículos publicados en un blog se les aplica estas normativas por ser obras de titularidad privada, que no deben ser copiadas, por ejemplo), o las leyes que protegen los datos de las personas (en las tiendas online se registran datos de terceras personas de carácter personal: nombre, correo electrónico, cuenta bancaria, tarjeta de crédito, documento o cédula de identidad, etc.).

Ejemplos de normativa sobre comercio electrónico

- Ley Modelo sobre Comercio Electrónico, de la Comisión de las Naciones Unidas para el Derecho Mercantil Internacional.
- **Bolivia:** Ley General de Telecomunicaciones, Tecnologías de Información y Comunicación.
- **Chile:** Ley sobre Documentos Electrónicos, Firma Electrónica y Servicios de Certificación.
- **Colombia:** Ley sobre el acceso y uso de los mensajes de datos, del comercio electrónico y de las firmas digitales.
- **Ecuador:** Ley de Comercio Electrónico, Firma Electrónica y Mensajes de Datos.
- **México:** Ley Federal de Protección al Consumidor.

Normativa relacionada de carácter general

- Legislación relativa a la firma electrónica.
- Normativa relativa a la contratación a distancia.
- Normas para la protección de las personas consumidoras y usuarias.
- Pago electrónico y servicios financieros.
- Propiedad intelectual, industrial y derechos de autoría.
- Legislación sobre protección de datos, protección de la intimidad y frente al tratamiento de datos en las telecomunicaciones.
- Normativa relativa a los nombres de dominio en internet.

AURUM

¿Qué regulan las normativas y a quién aplican?

Si se posee una tienda online o se proyecta desarrollar algún modelo de negocio por vía electrónica, es importante conocer las normas reguladoras del comercio electrónico del país donde se ubique la tienda o en el que se presten servicios o se comercialicen productos.

Las normas reguladoras del comercio electrónico se aplican a los **servicios** prestados por vía electrónica si constituyen actividad económica para la persona o empresa prestadora, ya sea directa (ganancias) o indirecta (publicidad o patrocinio):

- Comercio electrónico.
- Contratación online.
- Información y publicidad.
- Servicios de intermediación.

Los **medios electrónicos** a los que se aplican son:

- Computadora/ordenador. Es el comercio electrónico o *e-commerce*.
- Televisión. Se le conoce como *t-commerce*.
- Teléfono móvil o tabletas. Denominado comercio móvil o *m-commerce*.

Proceso

Las condiciones que generalmente se consideran para aplicar las normativas sobre comercio electrónico son las siguientes:

- Las normas reguladoras de un país se aplican a todas las personas físicas o jurídicas que tengan el domicilio y la gestión de la actividad comercial centralizado en dicho país, o bien si poseen una sucursal, oficina o cualquier otro tipo de establecimiento permanente en el mismo, desde el que se dirija la prestación de servicios de la sociedad de la información.

- Se presumirán establecidas en un determinado país las empresas que hayan sido debidamente registradas por los organismos de la Administración pública, y que hayan adquirido personalidad jurídica propia.

- La utilización de un servidor situado en un país distinto no será motivo suficiente para descartar la sujeción de la empresa prestadora de servicios a la ley del país donde se ubique. Si las decisiones empresariales sobre el contenido o los servicios ofrecidos a través de ese servidor se toman en dicho país, la empresa prestadora se considerará establecida en el mismo.

AURUM

¿Quién es prestador de servicios de la sociedad de la información?

Lo es **cualquier persona física o jurídica que proporciona un servicio de la sociedad de la información.** Estos servicios se prestan a distancia, por vía electrónica, a petición individual de la persona destinataria, y normalmente a cambio de una remuneración. Así, puede serlo cualquiera que disponga de una tienda online, una web o incluso un blog.

Información

Para ser prestador de servicios de la sociedad de la información se debe, pues, proporcionar un servicio:

- A distancia.
- Por vía electrónica (como internet), o alguna otra integrada dentro de internet (como las redes sociales).
- A petición individual de una persona interesada.
- Que constituya una actividad económica.

En este sentido, se considera que existe actividad económica cuando la persona u organización responsable de la web recibe ingresos *directos* (por las actividades de comercio electrónico que lleve a cabo) o *indirectos* (ya sea por publicidad o patrocinio derivados de la actividad que realice por medios electrónicos).

Si se cumplen estos requisitos, se deben cumplir, por tanto, todas las disposiciones que establece la legislación de cada país.

AURUM

Si se presta un servicio gratuito en internet, ¿aplica alguna normativa?

Lo importante no es si se recibe una remuneración económica directa por el servicio o no. Toda **actividad online que genere ingresos económicos o beneficios directos** forma parte del objeto de la normativa vigente en cada país.

¿Qué sucede con los sitios web que no perciben ingresos directos? Así, se puede tener un blog profesional por el que no se perciben ingresos pero que sí constituye una actividad económica, al conllevar beneficios diversos (como publicidad, posicionamiento profesional, actividades de patrocinio, etc.). Por tanto, estarían también incluidos dentro de las normas reguladoras del comercio electrónico vigentes en cada país.

¿Se debe cumplir la normativa si se dispone de un blog personal?

La normativa no aplica si se dispone de una web o un blog personal, en el que se publican o *cuelgan* artículos, opiniones o comentarios propios o de terceros **que no conllevan actividad económica.** Por ejemplo, si una odontóloga dispone de un blog dedicado a la fotografía, no le aplicará una norma reguladora del comercio electrónico.

No obstante, ello no impide la aplicación de otras normas, como la normativa sobre protección de datos, o las de privacidad o propiedad intelectual, entre otras.

Ejemplo

Las normas reguladoras del comercio electrónico se aplican generalmente a las siguientes actividades, que no reciben remuneración directa pero constituyen una actividad económica:

- Blogs profesionales.
- Buscadores.
- Servicios de enlaces.
- Directorios de webs.
- Webs financiadas con publicidad.
- Envío de comunicaciones comerciales.

Si una web tiene alojada publicidad en forma de *banners, pop-ups,* etc., la persona física o jurídica propietaria de la web estará sujeta a las normas reguladoras del comercio electrónico si percibe alguna remuneración por ello. No será así si estos *banners* no generan ningún ingreso, ni los artículos y noticias que se publican (sin publicidad) no generan tampoco beneficios directos ni forman parte de la actividad económica de la persona propietaria.

AURUM

Si una web incluye enlaces a otras, ¿qué responsabilidad tiene?

Si una web establece enlaces a otras webs, aunque la empresa o persona titular no puede ejercer control ni filtrar el contenido de las mismas, debe saber que actúa como prestadora de servicios de intermediación.

Hay que considerar, por tanto, que no existe relación alguna entre la titular de una web y la de la página enlazada, ni se entenderá que se acepta o aprueba la licitud, veracidad o corrección del contenido publicado en esos enlaces.

No obstante, será responsable de los contenidos y servicios suministrados en los sitios enlazados en la medida en que tenga conocimiento efectivo de que son ilícitos y no haya actuado con la diligencia debida para retirar dichos contenidos o servicios.

Por ello, es recomendable que esta circunstancia esté especificada en el «aviso legal» de la web, como se indica en este manual **(fichas H3.8 a H3.11)**.

En todo caso, debe existir el compromiso de retirar de inmediato el contenido tan pronto se conozca su ilicitud o ilegalidad, y a ponerlo en conocimiento de las autoridades pertinentes.

Ejemplo

A modo de muestra, véase un texto de aviso legal para la exención de responsabilidad de los enlaces colocados en un sitio de internet que enlacen a contenidos de otras webs:

> Este sitio web permite el acceso a enlaces y otras webs. En estos casos, actuamos como empresa prestadora de servicios de intermediación, por lo que solo seremos responsables de los contenidos y servicios suministrados en los sitios enlazados en la medida en que tengamos conocimiento efectivo de la ilicitud y no hayamos actuado con la diligencia debida para retirar dichos contenidos. Si considera que uno de los sitios enlazados incluye contenidos ilícitos o inadecuados deberá comunicárnoslo para retirar los enlaces que sean convenientes.

¿Qué tipos de prestación de servicios de la sociedad de la información hay?

Las empresas prestadoras de servicios de la sociedad de la información se pueden presentar en alguna de las siguientes formas:

a) Empresas prestadoras para la contratación de bienes o servicios

Si se desarrolla, por ejemplo, una actividad online de comercialización de un producto o servicio.

b) Empresas prestadoras de servicios de intermediación

– *Empresas operadoras de redes y proveedoras de acceso a internet*

Si la empresa gestiona las redes de telecomunicación u ofrece conexión a internet (vía módem o línea telefónica, tanto de banda ancha fija como móvil).

– *Empresas prestadoras de servicios de almacenamiento o alojamiento*

Si la empresa se dedica a almacenar o alojar datos, con o sin contenido.

– *Empresas prestadoras de servicios de copia temporal*

Cuando la empresa se dedica a realizar copias temporales de datos en sus servidores, de manera automática, provisional y temporal, a fin de enviar dichos datos al destinatario correspondiente.

– *Empresas que facilitan enlaces a contenidos o instrumentos de búsqueda* (buscadores)

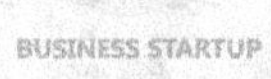

El aviso legal
Cómo redactar un aviso legal (I)
¿Qué información general debe incluir?

La empresa o persona física que preste servicios de la sociedad de la información (ya sea a través de una tienda online, una web, un blog o cualquier otro tipo de aplicación) está obligada a indicar a través de un aviso legal, de manera permanente, fácil, directa y gratuita, las informaciones que se detallan a continuación. En este caso, se trata de una web sin tienda online en la que no se instalan *cookies* analíticas.

- **Nombre de la empresa o de la persona física** y datos de contacto: domicilio, dirección de correo electrónico, teléfono o cualquier otro dato que permita a la persona usuaria una comunicación directa y efectiva.

- Indicación del **nombre del dominio.**

- **Número de registro fiscal o tributario** de la persona física (natural) o jurídica.

- **Códigos de conducta** a los que se esté adherido, en su caso, y la forma de consultarlos electrónicamente.

- Si la actividad comercial precisa **autorización** administrativa previa, los datos relativos a la misma, así como órgano competente para su supervisión.

- Si se ejerce una **profesión regulada,** se deben incluir los datos de la entidad profesional a la que se pertenezca, número de inscripción, título académico oficial o profesional con el que se cuenta, país en el que se expidió el título, normas profesionales aplicables y cualquier otra circunstancia que pueda condicionar la adquisición de un producto o servicio.

- Si en la web se establecen precios, se debe mostrar de manera clara y exacta el **precio del producto o servicio,** indicando impuestos aplicables y gastos de envío.

- Modo de resolución de litigios online, indicando la normativa legal a la que se podrán acoger las partes, así como recursos de apoyo para la persona usuaria.

Identificación tributaria en América Latina:

CPF: Cadastro de persona física (Brasil)

CUIT: Código único de identificación tributaria (Argentina)

NIT: Número de identificación tributaria (Bolivia, Colombia, Panamá, El Salvador)

NITE: Número de identificación tributaria especial (Costa Rica)

RFC: Registro federal de contribuyentes (México)

RIF: Registro de información fiscal (Venezuela)

RTN: Registro tributario nacional (Honduras)

RTU: Registro tributario unificado (Guatemala)

RUC: Registro único de contribuyentes (Paraguay, Perú, Nicaragua, Ecuador)

RUT: Rol único tributario (Chile)

RUT: Registro único tributario (Uruguay)

El aviso legal
Cómo redactar un aviso legal (II)
Condiciones de uso

El aviso legal en una web con tienda online debe incluir un apartado dedicado a las **condiciones de uso.** La información básica que debe contener y sus características es la siguiente:

- Indicación de que el envío de cualquiera de los formularios de pedido supone una **vía de contratación electrónica** en los términos que reconozca la normativa sobre comercio electrónico.

- Si se utilizan servicios y programas de tarificación adicional, se deberá indicar las funciones del programa, el número de teléfono al que se llama, el procedimiento para finalizar la conexión y la forma de restablecer el número anterior.

- Información de que la persona usuaria debe enviar datos veraces y necesarios, y la posterior efectividad en el pago serán los **únicos trámites** a cumplir para la contratación de los productos o servicios.

- El documento en que la contratación se formalice debe ser almacenado durante el tiempo legalmente obligatorio, donde se mantendrá disponible para **su acceso, rectificación o cancelación.** Los formularios se pueden rellenar en cualquier idioma oficial del país en donde se ubique la tienda online.

- Facilitar **un correo electrónico** para que la persona usuaria pueda indicar la modificación de los datos o incluso cancelarlos.

- Alerta de **protección de datos:** es importante incluir en la web un aviso de **privacidad** informando dónde se registrarán los datos personales que se aporten, su finalidad (gestión de clientes, envío de publicidad, etc.), sus derechos ARCO (acceso, rectificación, cancelación y oposición) y otras cuestiones de privacidad relacionadas (posible cesión de datos, por ejemplo), o portabilidad, derecho al olvido, etc., que son derechos generalmente incluidos en los reglamentos sobre protección de datos.

Ejemplo

Ejemplo de cláusula para aviso legal, respecto al dominio web e identificación:

En cumplimiento de lo dispuesto en el artículo 10 de la Ley ...., ponemos en su conocimiento que la titular del dominio .... es .... con domicilio en ..... Puede contactar con nosotros en ..... Para el desarrollo de nuestra actividad, disponemos de la correspondiente autorización administrativa, según establece la normativa vigente y su órgano supervisor, y consta debidamente inscrita en el registro de ....

El aviso legal
Cómo redactar un aviso legal (III)
Propiedad intelectual

Es necesario indicar si el texto, las fotografías, los videos y otros materiales que se incorporen en una web pueden ser copiados por terceras personas, o si es necesaria una autorización del titular de la web para que estas puedan reproducirlos, modificarlos, distribuirlos, manipularlos o publicarlos *(colgarlos)* en su web.

Aunque las obras y los contenidos pertenecen a las personas autoras de las mismas, sin necesidad de inscribirlas en ningún registro de la propiedad intelectual, es conveniente indicar la reserva de derechos con los símbolos y leyendas que correspondan: © *(copyright)*, CC (licencia Creative Commons), *copyleft* (una letra C invertida) para los casos de una obra, o ® (marca registrada) para productos comerciales o servicios.

Ejemplo

A modo de muestra, exponemos una breve cláusula relativa a los derechos de propiedad intelectual e industrial de los elementos, información y textos contenidos en un sitio web. Esta cláusula debe ser adaptada a cada caso concreto y modificada en función de la restricción otorgada sobre el contenido *copyright* o Creative Commons:

El contenido de nuestro sitio web (textos, artículos, reportajes fotográficos y videos) está protegidos por derechos Creative Commons; por tanto, puede ser reproducido y divulgado siempre que se mencione su autoría y se permita su distribución bajo la misma licencia.

El código fuente, los diseños gráficos, los sonidos, las animaciones y el *software* son de nuestra titularidad exclusiva, y tienen derechos de *copyright*, por lo que queda absolutamente prohibida su copia, reproducción, distribución o transformación de los mismos sin autorización previa por nuestra parte.

La persona usuaria, sea bajo licencia Creative Commons o autorización sobre contenido con *copyright*, únicamente usará el material con finalidad privada y no comercial, y queda prohibido su uso para actividades ilícitas. Todos los derechos derivados de la propiedad intelectual están reservados a favor de esta compañía.

EL AVISO LEGAL
¿Qué es el *copyright?*

Su significado es: **Todos los derechos reservados.** La definición que mejor describe un *copyright* es que «ningún tercero podrá copiar, modificar, reproducir, distribuir nuestros contenidos, fotografías, videos, etc. sin nuestra autorización previa y expresa».

Es cierto que para que una obra, artículo o contenido goce de los derechos de autoría o *copyright,* no es necesario inscribirla en ningún registro. Cualquier obra tiene este derecho por el simple hecho de haber sido creada por una persona.

En el ámbito de internet, el contenido de una web se entenderá que se encuentra bajo derechos de *copyright* si no se dice lo contrario. A esto se llama aplicación por defecto: «todos los derechos reservados».

Ejemplo

Ejemplo de cláusula de derechos con *copyright:*

Todos los contenidos, diseño, formato, código fuente e información, del presente sitio web son titularidad exclusiva de... ; por tanto, en determinados casos, podemos autorizar la reproducción, distribución y difusión de los mismos previa autorización y mención de la fuente autora.

Además, se deberá solicitar autorización previa y por escrito si se desea modificar el contenido de forma previa a su publicación, divulgación o distribución.

La copia, modificación, distribución, difusión o cualquier acción sobre los materiales y contenido de nuestro sitio web no autorizada previamente por ..., conllevará que adoptemos las acciones legales que en derecho nos asistan, así como reclamación de cuantos daños y perjuicios pudieran generarse de tales actos.

El aviso legal
¿Qué es una licencia Creative Commons?

Para las personas que no quieren mercantilizar los derechos de su obra y optan por autorizar de manera directa la copia, difusión y divulgación de la misma, se han creado los registros Creative Commons (CC) con el fin de estandarizar esos permisos.

Con Creative Commons –organización sin ánimo de lucro que ha dado nombre a estas licencias para compartir el conocimiento–, cada persona decide desde un principio y sin recibir solicitud de autorización qué acciones pueden realizar sobre sus creaciones. Por ejemplo, si pueden ser copiadas, modificadas y publicadas, si se acepta que se haga con fines no comerciales, etc. **Cada persona decide hasta qué punto autoriza el uso y la divulgación de los contenidos** que ha creado.

- Los derechos Creative Commons son irrevocables, es decir, son creados para «toda la vida».

- Las licencias Creative Commons no son *copyleft* (mantienen los derechos de autor a diferencia del *copyleft),* y son similares al *copyright* en el sentido de que no se necesita inscribirlas en ningún registro de la propiedad intelectual.

- Existen seis licencias Creative Commons, todas gratuitas y con vigencia internacional.

En el anexo 1, se puede consultar la simbología internacional utilizada para las licencias Creative Commons.

EL AVISO LEGAL
Condiciones de acceso y exención de responsabilidad

Toda web está sometida a unas condiciones de acceso y utilización. Por este motivo, el aviso legal debe incluir, entre otros aspectos, las siguientes exenciones:

- **Limitación de responsabilidades** sobre veracidad, exactitud, adecuación, idoneidad y actualización de la información suministrada a través de los formularios habilitados o de correo electrónico, y por la información publicada cuando esta haya sido manipulada o introducida por alguien distinto a la empresa o persona que presta el servicio.

- **Carácter informativo de los contenidos** del sitio web, sin tener responsabilidad respecto a las decisiones adoptadas por la persona usuaria, ni de los daños y perjuicios producidos en ella o en terceras personas con base en la información obtenida mediante el sitio web.

- **Responsabilidad de la persona usuaria** en el uso y la disponibilidad de herramientas adecuadas para la detección y desinfección de programas informáticos dañinos, virus, *spyware* y otros elementos maliciosos.

- **Exención de responsabilidad por daños** o perjuicios de cualquier tipo producidos como consecuencia de fallos o desconexiones en las redes de telecomunicaciones que produzcan la suspensión, cancelación o interrupción del servicio del portal.

- Si una web utiliza **enlaces a otras webs,** la persona propietaria actúa como prestadora de servicios de intermediación, por lo que solo será responsable de los contenidos y servicios suministrados en los sitios enlazados en la medida en que tenga conocimiento efectivo de que son ilícitos y no haya actuado con la diligencia debida para retirar dichos contenidos.

Cómo proceder ante acciones ilícitas vía enlaces web

La información legal que se muestre en la web es fundamental, tanto para prevenir como para reparar posibles acciones indebidas. El procedimiento consiste en:

- Establecer licencias sobre los enlaces que hay en el sitio web e informar de ellas en la página del aviso legal.

- En el caso de que cualquier persona considere que el contenido de la web se esté usando de manera ilícita o tenga constancia de la realización de cualquier actividad ilegal en las páginas web incluidas o enlazadas a través del sitio web, deberá notificarlo de manera inmediata al titular del mismo junto con la explicación de las acciones que ha presenciado.

EL AVISO LEGAL
El aviso de privacidad, ¿qué debe contener?

Una web debe cumplir con la normativa sobre protección de los datos de las personas que la utilicen, y disponer de una página accesible con un aviso de privacidad. Esta página suele titularse «Política de privacidad» y su redacción debe atender a lo dispuesto en la normativa sobre protección de datos que establezca la legislación de cada país.

Como regla general, la persona usuaria de una web (como titular de los datos a tratar) debe ser informada de algunas cuestiones legales antes de proceder a cualquier envío que implique el uso de sus datos. Por ello, en el aviso de privacidad se debe informar de los siguientes aspectos.

- La existencia del fichero o tratamiento de datos, su finalidad y destinatarios.

- El carácter obligatorio o no de la respuesta, así como de sus consecuencias.

- La posibilidad de ejercitar los derechos de acceso, rectificación, cancelación y oposición.

- La identidad y datos de contacto de la empresa responsable del tratamiento del fichero.

- Posibles cesiones (por ejemplo, en una entrega de datos a un transportista o a una entidad bancaria para obtener financiación de pago).

- Los datos de contacto del departamento responsable de protección de datos, en su caso.

- La base jurídica o legitimación para el tratamiento.

- El plazo o los criterios de conservación de la información.

- La existencia de decisiones automatizadas o elaboración de perfiles.

- La previsión de transferencias a terceros países.

- El derecho a presentar una reclamación ante las autoridades de control.

En el caso que los datos no se obtengan directamente de la propia persona interesada, de manera adicional se debería informar también del origen y las categorías de los datos.

La protección de datos y la seguridad es un asunto de vital importancia para las Administraciones que trabajan para que la defensa de las personas consumidoras y usuarias de internet no disminuya con los avances tecnológicos. Por ello, periódicamente, es necesario revisar y actualizar todas las cláusulas de información de la actividad empresarial y de la web, a fin de adaptarlas a los requisitos legales que puedan surgir.

AURUM

¿Cómo gestionar correctamente el aviso de privacidad?

El aviso de privacidad de una web debe informar y gestionar las siguientes obligaciones:

- **Recogida de datos.** Para poder recoger datos personales (como un correo electrónico, número de teléfono o del documento nacional de identidad, por ejemplo), su titular debe dar consentimiento expreso y de forma previa a la recogida.

- **Consentimiento expreso.** Se obtiene con una acción concreta de la persona usuaria, previamente informada de los datos que van a registrarse.

- **Condiciones de privacidad.** Normalmente, la aceptación de estas condiciones se realiza marcando con un clic una casilla a tal efecto. Esta acción solo debería ser requerida la primera vez que se intenta rellenar datos. Por tanto, es muy importante tener en cuenta:

  - Si la persona usuaria no la marca, se le impide enviar el formulario con sus datos. De esta forma se evita archivar y administrar datos sin consentimiento de su titular.

  - Por defecto, la casilla no debe estar marcada para que la persona usuaria la marque expresamente antes de facilitar sus datos identificativos.

Acciones correctas e incorrectas (mala práctica) para prestar consentimiento:

☑ **Correcto:** Acepto [la política de privacidad/condiciones/envío de publicidad] mediante clic en casilla (sin estar marcada previamente).

☒ **Incorrecto:** Si no contesta a esta comunicación en el plazo de 15 días, entenderemos que acepta el envío de publicidad.

☒ **Incorrecto:** Seleccione esta casilla, si no desea recibir publicidad.

¿Qué son los datos de carácter personal?

Se considera persona física identificable a toda persona cuya identidad pueda determinarse, directa o indirectamente, en particular mediante un identificador, como por ejemplo un nombre, un número de identificación, unos datos de localización, un identificador en línea o uno o varios elementos propios de la identidad física, fisiológica, genética, psíquica, económica, cultural o social de una persona.

Aunque un dato no vaya asociado directamente a una persona, se entiende también como dato de carácter personal cuando se pueda identificar al titular por cualquier medio. La dirección IP, también se considera como dato personal.

El aviso legal

¿Qué es un servicio de intermediación y qué obligaciones tienen quienes los prestan?

Se considera que actúan como entidades proveedoras de servicios de intermediación aquellas que prestan alguno de los siguientes servicios:

- Provisión del acceso a internet.
- Transmisión de datos.
- Copia temporal de datos de internet o de las webs solicitadas *(proxy)* por los usuarios.
- Transmisión de datos por redes de telecomunicaciones.
- Alojamiento de datos suministrados por otros en servidores.
- Aplicaciones o servicios.
- Motores de búsqueda o enlaces a otros lugares de internet.

Quienes prestan estos servicios tienen diversos tipos de obligaciones, cuyo incumplimiento puede ser motivo de sanción por la Administración. Estas obligaciones son:

- **Retirada de contenidos/interrupción del servicio.** Los servicios de intermediación deberán interrumpir el servicio que prestan o retirar contenidos, si una autoridad lo solicita. El incumplimiento de este deber puede considerarse una infracción muy grave y conllevar acarrear sanciones.
- **Conservación de datos.** Se deben conservar los datos que determine la ley sobre conservación de datos relativos a las comunicaciones electrónicas y a las redes públicas de comunicaciones.
- **Medios técnicos.** Las empresas proveedoras de servicios de intermediación deben informar a los usuarios sobre:
  - Los medios técnicos que aumenten su seguridad en la información y protegerse contra virus informáticos, *spyware* y *spam.*
  - Herramientas existentes para el filtrado y restricción de acceso a determinados contenidos no deseados o nocivos para los menores (por ejemplo, acceso de menores a pornografía).
  - Responsabilidad por el uso ilícito de internet.
  - El deber se entenderá cumplido si la información se facilita en la página o sitio principal de internet de la empresa proveedora.
  - La información debe encontrarse de manera permanente, fácil, directa y gratuita.

¿Qué es una empresa proveedora de acceso a internet u operadora de redes?

Es un tipo de empresa prestadora de servicios de intermediación que provee de servicios de acceso a internet (ISP, siglas de internet *service provider)*. Estas empresas brindan conexión a internet a sus clientes, es decir, conectan a personas usuarias a internet a través de diferentes tecnologías, como ADSL, cable módem, GSM, *dial-up,* etc.

Por lo tanto, es la encargada de transmitir datos o facilitar acceso a contenidos por medio de internet.

Información

Este tipo de empresas proveedoras de servicios de intermediación:

- No son responsables de la información transmitida.

- No obstante, según determine la legislación de cada país, generalmente estas empresas de servicios sí serían responsables de la información transmitida en los siguientes casos:

  - Cuando ellas mismos han originado la transmisión.

  - Si han modificado los datos.

  - Si seleccionan los datos o sus destinatarios.

¿Qué es una empresa prestadora de servicios de copia temporal?

Es un tipo de empresa proveedora de servicios de intermediación que realiza las copias, por un periodo limitado, de los datos solicitados por las personas usuarias para hacer más eficaz la transmisión posterior a otras usuarias (servidor *proxy*).

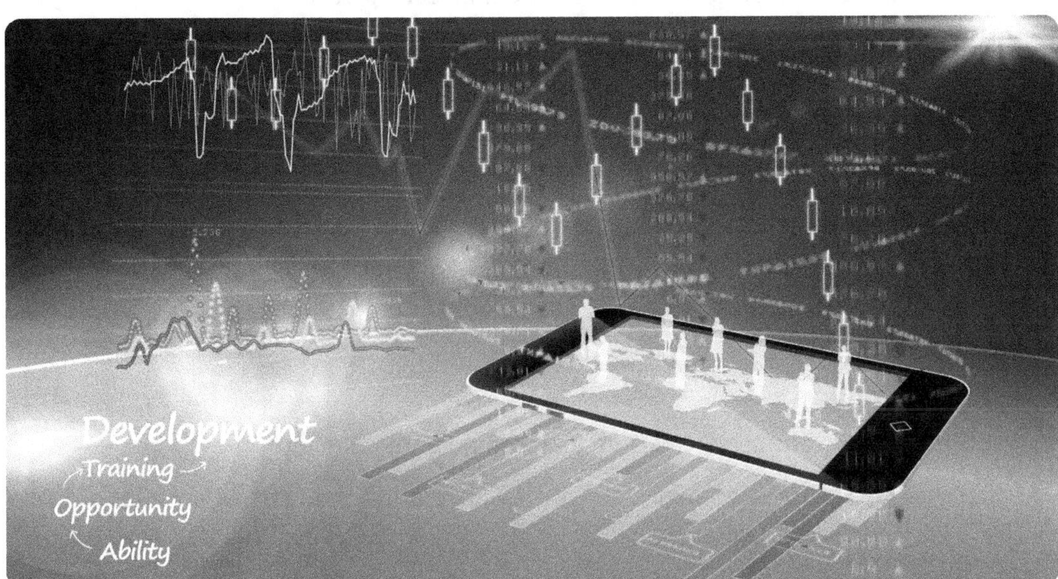

Información

No son responsables del contenido ilícito de la información transmitida si:

- No modifican la información.

- No interfieren en la tecnología.

- Permiten el acceso a ella solo a las personas destinatarias que cumplan las condiciones definidas para tal fin.

- Respetan las normas para la actualización de la información.

- Retiran la información almacenada o bloquean su acceso en cuanto tengan conocimiento efectivo de que:

  - Un tribunal u otro órgano competente ha ordenado su retirada o el bloqueo del acceso.

  - Ha sido retirada del lugar de la red en que se encontraba inicialmente.

  - Es imposible el acceso a la información.

¿Qué es una empresa prestadora de servicios de almacenamiento?

Es un tipo de empresa proveedora de servicios de intermediación cuyas prestaciones giran en torno al almacenamiento de datos. Pueden ser de dos tipos:

Empresa proveedora de servicios de simple almacenamiento

Son totalmente independientes de los contenidos que almacenan, como por ejemplo los servicios de *hosting*.

Responsabilidad:

Estas empresas no son responsables del contenido ilícito, puesto que no realizan funciones de control del mismo (lo desconocen), pero deberán proceder a su retirada si así se lo solicita la autoridad competente.

Empresa proveedora de servicios de almacenamiento completo

Ofrecen servicios de almacenamiento y contenido creado directamente por ellas o por otras partes del proceso que ellas lideran.

Responsabilidad:

Estas empresas de servicios controlan e incluso realizan funciones de filtrado del contenido (con lo cual, lo conocen) y son responsables del mismo, debiendo proceder a su retirada cuando este sea ilícito, sin mediar comunicación ni solicitud para ello por parte de un tribunal, en cuanto lo conozcan.

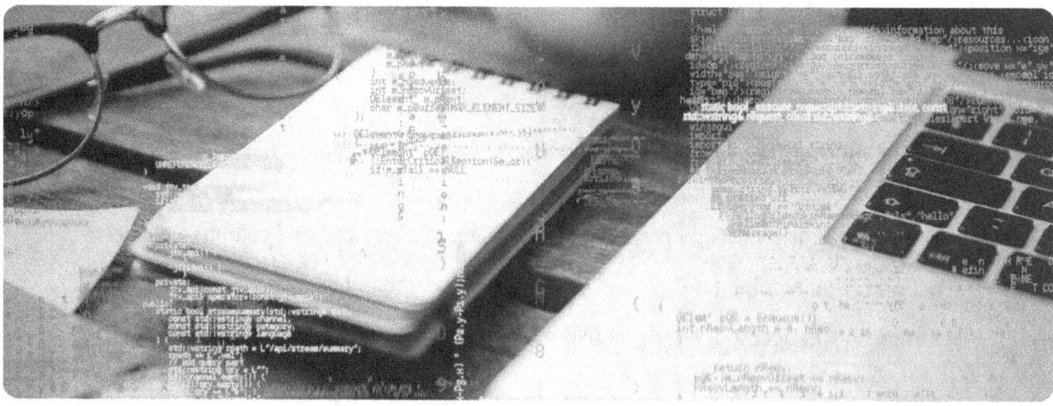

¿Qué servicios se excluyen de la normativa sobre comercio electrónico?

Existen algunos servicios públicos o profesionales que generalmente están excluidos de las normativas sobre comercio electrónico, de modo que quienes los prestan no pueden verse afectados por ellas:

- Los servicios prestados por notarios y registradores de la propiedad y mercantiles.
- Los servicios prestados por abogados y procuradores en el ejercicio de sus funciones de representación y defensa en juicio.
- Las actividades sin ánimo de lucro realizadas por partidos políticos, sindicatos, asociaciones, oenegés, etc., en cuanto no constituyan una actividad económica o comercial.

¿Se necesita autorización para vender en internet?

Una actividad comercial de **venta de productos o servicios en internet no necesita autorización.** Así, la oferta y contratación de bienes o servicios por vía electrónica es libre, sin autorización previa.

Hay que tener en cuenta que sí se requiere solicitar una autorización para comercializar de forma general determinados bienes o servicios, pero no explícitamente por su venta en internet. Es el caso de la venta de medicamentos o de algunas mercancías clasificadas como peligrosas, por ejemplo.

¿Existe alguna restricción a la prestación de servicios en internet?

La legislación de cada país determina las restricciones que pueden darse en la prestación de servicios en internet. Como norma general, ante determinadas prácticas al prestar los servicios en la red, y en especial las que vulneran o afectan a los derechos de las personas, es posible solicitar el cierre de una web. Así, los organismos del Estado, con las garantías jurídicas necesarias, pueden llegar a clausurar una web si se quebrantan algunos supuestos, como son:

- Salvaguarda del orden público, investigación penal, seguridad pública y la defensa nacional.
- Protección de la salud pública, y protección de las personas consumidoras o usuarias.
- Dignidad de la persona y principio de no discriminación por raza, sexo, religión, opinión, nacionalidad, discapacidad o cualquier otra circunstancia personal o social.
- Protección de la juventud e infancia.
- Protección de la propiedad intelectual.

¿Qué es una comunicación comercial electrónica?

Consiste en toda forma de comunicación por vía electrónica con **finalidad de promoción y publicidad** de los bienes o servicios de una empresa o persona física que realice una actividad comercial. Generalmente, en las normativas sobre servicios de la sociedad de la información y de comercio electrónico solo se consideran las comunicaciones electrónicas, no los mensajes cortos tipo sms o el correo postal.

El envío de comunicaciones comerciales no solicitadas y remitidas de manera reiterada o masiva, conocido por el vocablo inglés *spam*, también está regulado por estas normativas.

Además, toda comunicación por vía electrónica está sujeta a la normativa específica sobre protección de datos, aplicable en lo relativo a obtención de datos de la persona usuaria, deber de información y creación de ficheros para registrar dichos datos.

¿Qué requisitos debe cumplir la comunicación comercial para ser legal?

- Contar con el consentimiento previo y expreso de la persona destinataria antes de proceder a remitir comunicaciones comerciales, de lo contrario sería una comunicación electrónica no solicitada.

- Utilizar datos que hayan sido obtenidos de forma lícita; por ejemplo, no se pueden hacer envíos a personas usuarias de otra empresa si la cesión no ha sido autorizada expresamente por su titular, ni usar datos de otras fuentes lícitas sin tener consentimiento.

- Realizar envíos a clientes con los que ya exista una relación comercial.

- Cumplir lo dispuesto en la normativa de protección de datos respecto a los derechos de información, acceso, rectificación, cancelación y oposición (conocidos como derechos ARCO), y otros.

- Poner a disposición de la persona interesada, por ejemplo a través del mismo correo electrónico comercial, un medio sencillo y gratuito (enviar un correo electrónico) para darse de baja.

- Remitir información sobre productos o servicios similares a los que la persona destinataria hubiera contratado con anterioridad.

COMUNICACIONES COMERCIALES Y *SPAM*
¿Qué es y de dónde procede la denominación *spam?*

En origen, *spam* es una abreviatura de la expresión *spiced ham* (literalmente
«comida especiada»), muy popular en Gran Bretaña tras la Segunda Guerra Mundial.
Aprovechando la popularidad del alimento, el grupo humorista Monty Python hizo
una parodia en la que el *spam* se encontraba en todos los platos del menú. Tras el
famoso *sketch*, en el que se burlaban del uso pesado y reiterado de la palabra, comenzó
a emplearse en el ámbito informático para definir **algo que nadie quiere por ser
repetitivo,** no deseado y que impide precisamente comunicarse. Así se conoce al **correo
masivo no deseado** *(spam).*

Entre el *spam* más habitual, se pueden contar los mensajes de
felicitación por haber ganado un supuesto concurso o premio,
solicitudes de ayuda para superar situaciones de emergencia o de
dificultad económica, etc.

COMUNICACIONES COMERCIALES Y *SPAM*
¿Qué es el consentimiento expreso previo?

Obtener el consentimiento expreso previo de la persona usuaria **es obligatorio** para remitir una comunicación comercial, y significa que:

- La persona **destinataria autoriza** de modo que no haya ninguna duda de que ha dado su consentimiento. Normalmente se realiza por medio de una acción de la misma.

- Su acción de consentimiento debe de ser **libre, informada, específica e inequívoca,** tanto para el envío de comunicaciones comerciales realizadas por correo electrónico u otro medio electrónico (por ejemplo mensajes cortos de sms, redes sociales, mensajería), como para dar su consentimiento a que la empresa emisora de la comunicación tenga sus datos personales y los utilice para la finalidad que se le ha informado.

- Debe realizar una acción para que se pueda **registrar sus datos** (si no hace clic en la casilla «Aceptar» no podrá enviar un formulario de contacto con sus datos, por ejemplo). En el formulario, se ofrecerá la posibilidad de marcar en otra casilla si desea recibir comunicaciones comerciales. En caso de que clique también esa casilla, estaría dando su *consentimiento expreso.*

- No es válido el consentimiento tácito, es decir **por omisión;** por ejemplo, no está permitido enviar una carta indicando que, de no recibir respuesta, se entiende que la empresa puede realizar comunicaciones comerciales.

- El consentimiento siempre **debe ser expreso,** por lo que conlleva una acción por parte de la persona destinataria del servicio de la sociedad de la información (comunicación electrónica).

Comunicaciones comerciales y *spam*
Cómo guardar el consentimiento expreso

Los procesos para registrar el consentimiento expreso previo y hacer llegar la información a la persona titular de los datos pueden ser muy variados. La gestión en el registro y el archivo de este tipo de consentimientos está **en función del canal y medio utilizado.** A continuación se indican los requisitos que se deben cumplir, según el canal de registro de los datos:

- **Formularios en papel** → Firma manuscrita de aceptación de la política de protección de datos.

- **Entrevista telefónica** → Grabación de la llamada.

- *Telemarketing* → Grabación de la llamada.

- **Servicio de atención al cliente** → Grabación de la llamada.

- **Formularios web** o navegación → Archivo de *logs* (registro secuencial del momento exacto del evento informático) de aceptación de la política de privacidad.

- **Notificaciones emergentes** en servicios y aplicaciones → Archivo de *logs* de aceptación.

- **Bases de datos** o fuentes accesibles al público → Prueba de comunicación del deber de informar.

Para prestar servicios de *telemarketing,* se conecta la llamada a una computadora para poder grabarla.

Si se recibe una llamada, la persona receptora debe ser informada de que puede ser grabada y se le pedirá confirmación oral de su consentimiento.

Cómo prever la anulación de un consentimiento

En el proceso de solicitar el consentimiento expreso a una persona usuaria para el registro de sus datos, se deben **evitar algunas acciones que podrían anularlo.** Así, es necesario evitar:

- **El silencio positivo.** Los textos de aceptación por falta de respuesta no son válidos. Por ejemplo,

  ☒ *Si no recibimos su respuesta en contrario, en el plazo de 15 días entenderemos que acepta el tratamiento y cesión de sus datos personales.*

- **Las casillas con una marca de verificación** o un visto por defecto.

- **La omisión o falta de acción afirmativa.** La aceptación por negación no está permitida. Por ejemplo,

  ☒ *Marque está casilla si NO quiere recibir publicidad o información de nuestros servicios.*

Algunas webs utilizan este tipo de argucias para obtener la cesión de los datos personales u otros permisos, por ejemplo, para enviar publicidad. De no estar conforme a la ley, seria un consentimiento nulo y, por tanto, denunciable.

COMUNICACIONES COMERCIALES Y *SPAM*
Cómo conseguir el consentimiento expreso y evitar ser *spam*

En el caso que una persona usuaria envíe sus datos personales como consecuencia de solicitar un servicio a través de una web, se debe incluir –en el apartado de condiciones generales de contratación– una **cláusula sobre privacidad y protección de datos,** en la que se acuerde su consentimiento a la recepción de comunicaciones comerciales, solicitando su aceptación junto al contrato.

También se puede ofrecer la posibilidad de recibir comunicaciones comerciales rellenando un formulario o mediante la **suscripción a un boletín** periódico de la empresa.

Por último, a través de alguna ventana emergente en la web, se puede formular una pregunta directa sobre si se acepta el envío de comunicaciones comerciales, en la que la persona usuaria debe **hacer clic en un botón de aceptación** de contenido para poder seguir navegando.

Medios de prueba

La empresa que realiza una comunicación comercial electrónica puede disponer de alguno de los siguientes medios de prueba:

- **Correo electrónico.** Se debe guardar copia de seguridad y de ser posible certificado.

- **Correo electrónico por bases de datos adquiridas.** Debe acreditar el registro de los consentimientos correspondientes.

- **Concursos, promociones y otras acciones de marketing.** Archivo de prueba de aceptación.

- **Customer service.** Grabación de la llamada.

- **Comunicaciones voluntarias.** Carta escancada, guardando copia sellada de la respuesta.

- **Sitio web.** Archivo de los *logs* de aceptación de las políticas de privacidad de la web.

- **Cesiones a empresas del mismo grupo.** Incluir en la política de privacidad mención a la cesión entre empresas del mismo grupo y archivar la aceptación (mediante *log,* aceptación escrita, documento firmado, etc.).

COMUNICACIONES COMERCIALES Y *SPAM*
¿Qué son las *cookies?*

Una *cookie* es un fichero de datos que se descarga en una computadora al acceder por primera vez a una web. Al no ser código, las *cookies* no pueden borrar ni leer información de la computadora de la persona usuaria. Las *cookies* **permiten detectar las páginas que se visitan,** lo que proporciona información sobre hábitos de navegación en ese equipo. El objetivo de recopilar esta información es poder crear un **perfil de la persona usuaria,** anónimo, pero que muestra unas determinadas preferencias.

Información

La normativa obliga a informar a la persona usuaria de la existencia de *cookies* en una web. Por eso, la primera vez que se visita un sitio de internet, se muestra el denominado **aviso de *cookies.*** Este debe contener un botón bien visible de aceptación y un enlace para ampliar la información. Una vez aceptada la entrada de *cookies* con ese clic, la web no volverá a mostrar el aviso.

Obligaciones de una web que instala *cookies*

En el caso que un sitio web instale *cookies* en el equipo de una persona usuaria, la empresa gestora de la web debe proporcionarle información clara y completa sobre su utilización, en particular sobre los fines del tratamiento de los datos que obtenga. Para ello, el aviso **«Política de *cookies»,*** ha de ser visible, accesible y fácilmente comprensible para cualquier persona, conteniendo la información siguiente:

1. Definición y función genérica de las *cookies.*
2. Información sobre el tipo de *cookies* que se utilizan (propias o de terceros).
3. Identificación de quien utiliza las *cookies.*
4. Información sobre **cómo manifestar el consentimiento previo** y expreso de la persona destinataria (mediante el botón Aceptar, por ejemplo), o seguir navegando sin aceptarlas. Se debe tener en cuenta que la inactividad no conlleva dar consentimiento.
5. Información sobre **cómo revocar ese consentimiento** y eliminar *cookies* instaladas.
6. Información sobre la transferencia de datos (en su caso).
7. Elaboración de perfiles (en su caso).
8. Periodo de conservación de los datos.

Aviso particular y completo

Una vez que la persona usuaria accede a una segunda pantalla con información más completa sobre las *cookies* que se instalarán en el equipo, debe conocer:

- Definición y finalidad de las *cookies* empleadas.
- Qué son las *cookies* propias o de terceros, según se usen unas u otras.
- Información sobre los sujetos que utilizan las *cookies.*
- Modo de desinstalar las *cookies.*

¿Cómo debe aportarse la información sobre las *cookies?*

El aviso sobre uso de *cookies* puede hacerse mediante una barra informativa, tipo ventana emergente o *pop-up,* visible en el encabezamiento o al pie de la página. Un enlace interno ha de permitir acceder a texto completo de la política de *cookies.* Un «Leer más» puede redireccionar a una segunda pantalla.

Esta barra informativa no debe desaparecer de la pantalla hasta que la persona usuaria no clique el **botón Aceptar,** tras haber indicado que ha leído y comprende las condiciones sobre las *cookies.*

Errores en el aviso de *cookies*

Siendo que un aviso de *cookies* debe contener la finalidad de su uso y recabar el consentimiento de la persona usuaria, **es necesario evitar expresiones del tipo:**

«La finalidad exclusiva es mejorar nuestros servicios» o «mejorar la experiencia del cliente», que pueden considerarse imprecisas.

También se deben **evitar frases similares a:**

«...si sigue navegando se entenderá que acepta la instalación y uso de nuestras *cookies...*», porque no implican un consentimiento expreso.

Información

El contenido más apropiado para incluir en la barra informativa o aviso de *cookies* es un texto como el siguiente:

Utilizamos *cookies* propias y de terceros para realizar el análisis de la navegación de las personas usuarias y mejorar nuestros servicios.

Al pulsar «Sí, acepto», consiente la instalación de dichas *cookies.*

Puede obtener más información, pulsando en «Ampliar información».

[botón Acepto]   [enlace a página de política de *cookies]*

CONTRATO ELECTRÓNICO, FIRMA ELECTRÓNICA
¿Qué es un contrato electrónico?

Es todo contrato en el que la oferta de la parte vendedora y la aceptación de la compradora se transmiten por medio de equipos electrónicos de tratamiento y almacenamiento de datos, conectados a una red de telecomunicaciones común.

Requisitos

Para ser considerado un contrato electrónico debe cumplir los siguientes requisitos:

- **La oferta y la aceptación del contrato se deben realizar a través de la red** (ambas).
- **El acceso a la red debe producirse por medios electrónicos que permitan el tratamiento de datos,** lo que incluye no solo la computadora, sino también el teléfono celular o la televisión.

Debe contener, además, los requisitos establecidos en los servicios de la sociedad de la información:

- Estar celebrado a distancia entre ambas partes.
- Contener una contraprestación económica.
- Estar celebrado por vía electrónica.

CONTRATO ELECTRÓNICO, FIRMA ELECTRÓNICA
¿Son válidos los contratos celebrados por vía electrónica?

Un contrato por vía electrónica **es válido por sí mismo** y no es necesario el previo acuerdo de las partes sobre la utilización de los medios electrónicos.

En los casos en que la ley determina que la validez de una actividad comercial depende de que el contrato esté «por escrito», se entenderá que está formalizado de esa forma si consta en cualquier **soporte magnético.**

Contrato electrónico, firma electrónica
¿Qué regulación legisla el contrato electrónico?

El contrato electrónico viene regulado por distintas normativas, como por ejemplo:

- **Bolivia:** Ley general de telecomunicaciones, tecnologías de información y comunicación
- **Chile:** Ley sobre documentos electrónicos, firma electrónica y servicios de certificación.
- **Colombia:** Ley sobre el acceso y uso de los mensajes de datos, del comercio electrónico y de las firmas digitales.
- **Ecuador:** Ley de comercio electrónico, firma electrónica y mensajes de datos.
- **México:** Ley federal de protección al consumidor.

¿Qué es la firma electrónica?

Una firma electrónica es el equivalente electrónico de una firma manuscrita, en la que la persona firmante **acepta el contenido de un contrato electrónico a través de cualquier medio electrónico válido.**

Se considera documento electrónico la información de cualquier naturaleza en forma electrónica, archivada en un soporte electrónico según un formato determinado y susceptible de identificación y tratamiento diferenciado.

- Se puede **usar la firma electrónica** para crear facturas electrónicas, firmar correos electrónicos y dotarlos de seguridad extra, cifrar correos electrónicos y firmar documentos con varias personas participantes.

- Actualmente, es posible **firmar electrónicamente documentos mediante voz.**

Contrato electrónico, firma electrónica
¿Qué tipos de firma electrónica hay?

Existen tres tipos de firma electrónica:

- **Firma electrónica**

  Es el conjunto de datos en forma electrónica, consignados junto a otros o asociados con ellos, que pueden ser utilizados como **medio de identificación de la persona firmante.**

- **Firma electrónica avanzada**

  Es la firma electrónica que permite identificar a la persona firmante y detectar cualquier cambio posterior de los datos firmados. Está vinculada a esta de manera única y a los datos a los que se refiere. Ha sido creada por medios que la persona firmante puede utilizar, con un **alto nivel de confianza,** bajo su exclusivo control.

- **Firma electrónica reconocida**

  Es una firma electrónica avanzada basada en un **certificado reconocido** y generada mediante un dispositivo seguro de creación de firma.

  La firma electrónica reconocida tiene el mismo valor sobre los datos consignados en forma electrónica que la firma manuscrita sobre datos consignados en papel.

CONTRATO ELECTRÓNICO, FIRMA ELECTRÓNICA
¿Por qué usar la firma electrónica avanzada?

El uso de la **firma electrónica avanzada** para la firma de documentos se ha incrementado, frente al de la firma manuscrita, la firma escaneada o, incluso, la firma digital. Esta última, mayoritariamente utilizada para el envío electrónico de documentos firmados ante la Administración (pago de impuestos, tasas, etc.), requiere disponer de un certificado emitido por una entidad autorizada.

La firma electrónica avanzada no debe confundirse con la firma digital, que precisa un dispositivo *hardware* (como la tarjeta de identidad). La firma electrónica avanzada es mucho más sencilla y evita personarse para solicitar el certificado digital.

Ventajas

- Facilita la firma de documentos de todo tipo en los que no se puede contar con la presencia simultánea de las partes.

- Evita envíos por mensajería y dilaciones de tiempo en asuntos del día a día (documentos de transporte y logística, por ejemplo).

- Fomenta una buena imagen frente al cliente por la sencillez y digitalización de procesos.

- Ahorra costos.

AURUM

CONTRATO ELECTRÓNICO, FIRMA ELECTRÓNICA
¿Qué aporta la firma electrónica avanzada?

La firma electrónica avanzada es un **modelo de digitalización en el archivo y la conservación de documentos por medios electrónicos.** Con su uso, se contribuye al éxito de las políticas, procedimientos y prácticas para la gestión de documentos de archivo electrónicos, cuyo objetivo es asegurar las necesidades de las obligaciones de conservación que tienen las personas firmantes, al tiempo que se agilizan los procesos en las empresas.

Así, la utilización de la firma electrónica avanzada presenta numerosas ventajas:

- Tiene **plena validez legal.**

- Se realiza una perfecta **trazabilidad de firma** del documento.

- **Simplifica procesos** y reduce el tiempo de gestión documental. El tiempo ahorrado en enviar documentos a firmar, o en firmar y reenviar documentos firmados, con todas las tareas asociadas que ello conlleva, puede utilizarse para realizar otro tipo de tareas que aporten más valor.

- **Reduce los costos** asociados a la impresión de documentos, mensajería, tiempos y procesos.

- **Ahorra gastos administrativos:** menor consumo de papel y de tinta, menores costos en mantenimiento y reparación de las impresoras, menor gasto en material para archivar y guardar ordenadamente la documentación, así como reducción de materiales para envío de documentación (sobres, formularios, etiquetas, etc.).

- Presenta menores riesgos que la firma tradicional y **mayor cobertura legal** que la firma escaneada.

- Se contribuye a respetar el medio ambiente, lo que puede aportar valor a la **política empresarial de reducción de costos.**

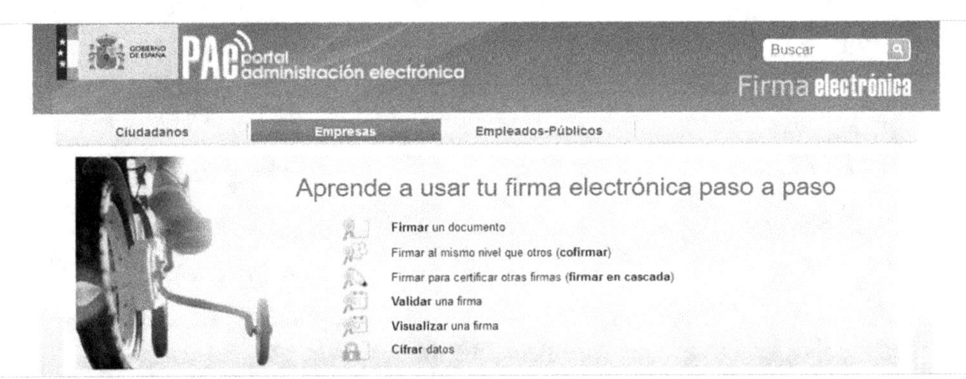

¿Qué leyes regulan la firma electrónica en América Latina?

En varios países de Latinoamérica la firma electrónica es legalmente válida y su uso debe estar enmarcado dentro de lo que dicten las normas establecidas en cada nación.

- **Argentina:** Ley 25.506 de Firma digital.

- **Chile:** Ley 19.799 sobre Documentos electrónicos, firma electrónica y servicios de certificación de dicha firma.

- **Colombia:** Ley 527 sobre Acceso y uso de los mensajes de datos, del comercio electrónico y de las firmas digitales.

- **Costa Rica:** Ley 8454 sobre Certificados, firmas digitales y documentos electrónicos.

- **Ecuador:** Ley de comercio electrónico, firma electrónica y mensajes de datos.

- **Guatemala:** Ley para el Reconocimiento de las comunicaciones y firmas electrónicas.

- **México:** Ley de Firma electrónica avanzada.

- **Nicaragua:** Ley 729 de Firma electrónica.

- **Perú:** Ley 27269 sobre Firmas y certificados digitales.

- **República Dominicana:** Ley 126-02 sobre Comercio electrónico, documentos y firmas digitales.

- **Uruguay:** Ley 18.600 de Documento electrónico y firma electrónica.

Condiciones generales de contratación
¿Qué información hay que dar antes de celebrar un contrato electrónico?

Las empresas que prestan un servicio y van a celebrar un contrato por un medio electrónico, deben aportar determinada información a la persona destinataria antes de iniciar el procedimiento de contratación. Además, deben hacerlo mediante técnicas adecuadas al medio de comunicación utilizado, **de manera permanente, fácil y gratuita, con información clara, comprensible e inequívoca.** Esta información consiste en:

- Los trámites que deben seguirse para celebrar el contrato.

- Si la empresa prestadora del servicio va a archivar el documento electrónico en que se formalice el contrato y si este va a ser accesible.

- Los medios técnicos que pone a disposición de la otra parte para identificar y corregir errores en la introducción de los datos.

- La lengua o lenguas en que podrá formalizarse el contrato.

¿Cómo dar esta información y cuándo omitirla?

Esta obligación se cumple si se dispone de esta información en la web de manera permanente, fácil y gratuita.

Sin embargo, cuando se realice la contratación por medio de dispositivos de pantalla reducida (teléfonos celulares o tablets), se entenderá cumplida cuando se facilite de manera permanente, fácil, directa y exacta la dirección de internet en la que la persona destinataria pueda encontrar esta información.

No obstante, hay algunas excepciones.

Así, no hay obligación de facilitar esta información:

- Si las partes así lo acuerdan y ninguna de ellas es una persona consumidora final (o sea, en casos de contratos entre empresas).

- Si el contrato se ha celebrado con intercambio de correo electrónico u otro tipo de comunicación electrónica equivalente (es decir, no cuando tenga lugar desde una plataforma digital o web).

Condiciones generales de contratación
¿Qué información se debe dar tras celebrar un contrato electrónico?

En los contratos electrónicos, ya sea con una empresa o con una persona consumidora, existe la **obligación de confirmar la recepción del pedido aceptado.** Hay varias formas de hacerlo:

- Por correo electrónico (con acuse de recibo en un plazo de 48 horas).

- En el proceso de contratación (a la mayor brevedad desde que se haya completado el proceso de contratación).

- Se entiende que se ha recibido aceptación y confirmación cuando las dos partes puedan tener constancia de ambas (por ejemplo, si el correo electrónico ha llegado al servidor).

En las compras online, la persona adquirente llena su carrito de la compra, proporciona sus datos de contacto y realiza el pedido. Esto se llama **oferta vinculante por parte del comprador.**

La aceptación que se realiza en una contratación electrónica por la parte vendedora tras recibir la petición o pedido por la compradora se considera **«declaración entre ausentes»,** una oferta que la vendedora tendrá que aceptar en el plazo de 48 horas tras la recepción. En este plazo se podrá aceptar o denegar la oferta de la compradora. De lo contrario el contrato sería nulo.

Hay que diferenciarlo de la **oferta vinculante realizada por el vendedor,** ya que el simple ofrecimiento de productos en la tienda online no constituiría oferta vinculante, al poder estar agotado alguno de ellos y necesitar entonces resolver el contrato (con posibles indemnizaciones). Para ello, es necesario indicar en algún lugar de la tienda online la frase «hasta agotar existencias» para evitar controversias.

Condiciones generales de contratación
¿Dónde se entiende que se celebra un contrato electrónico?

Cuando **la parte destinataria es una persona consumidora final,** el contrato electrónico se entiende celebrado en el lugar donde esta tenga su domicilio.

Cuando los contratos electrónicos sean celebrados **entre empresas o profesionales,** se entenderán celebrados en el lugar que se acuerde en el propio contrato o en el lugar (si no se acuerda nada) donde esté ubicada la empresa o profesional prestadora del servicio.

¿Quién es la persona consumidora?

Es **cualquier persona física que actúa con un propósito ajeno a su actividad económica o profesional.**

También son consumidoras las personas jurídicas y las entidades sin personalidad jurídica que actúen sin ánimo de lucro en un ámbito ajeno a su actividad comercial o empresarial.

Es persona consumidora la que interviene en la contratación electrónica con finalidad privada, ajena a su actividad empresarial, contratando bienes o servicios como usuaria final, sin incorporarlos directa o indirectamente en procesos de producción.

De modo general, se entiende que una persona residente en un país que haya celebrado un contrato en línea con una empresa ubicada en otro estado, solo podrá demandar dicho contrato ante los tribunales nacionales cuando este se haya celebrado gracias a una oferta que la empresa proveedora le haya enviado (por correo electrónico).

En los demás casos, si una persona residente en un determinado país quisiera demandar a una empresa establecida fuera de dicho país por el incumplimiento de un contrato celebrado por vía electrónica, sería necesario alegar, por ejemplo, que la obligación que da lugar a la demanda debía cumplirse dentro del territorio nacional.

Marco regulatorio del comercio electrónico

¿Qué requisitos hay en una contratación electrónica con personas consumidoras?

La empresa vendedora, antes de celebrar un contrato electrónico con una persona consumidora debe aportarle **cierta información, de manera permanente, fácil y gratuita,** mediante técnicas adecuadas al medio de comunicación utilizado. También debe ser clara, comprensible e inequívoca, y hay que incluirla en las **condiciones generales de contratación.** La información requerida es:

- Los trámites o pasos que se deben seguir para celebrar el contrato.
- Si la empresa prestadora archivará el documento electrónico y si va a ser accesible.
- Los medios técnicos para identificar y corregir errores en la introducción de los datos, antes de confirmarlos.
- La lengua o lenguas en que podrá formalizarse el contrato.
- Las características esenciales del bien o servicio.
- El precio total del producto: impuestos aplicables, gastos adicionales (gastos de entrega y transporte, si los hay), tasas (aduaneras, por ejemplo) y otros costos (gastos para inscripciones, en su caso).
- La forma de pago y el plazo de entrega.
- Las posibles restricciones de entrega (por ejemplo, si se envía solo a ciertos países y no a toda Latinoamérica).
- El plazo de vigencia de la oferta y del precio.
- La duración mínima del contrato.
- Las circunstancias y condiciones en que la empresa puede suministrar un bien o servicio equivalentes, en sustitución del solicitado.
- El tipo de garantía que aplica: garantía legal o comercial.
- Los costos de la devolución del producto.
- El derecho de desistimiento, con sus condiciones, procedimiento y formulario gratuito para ejecutarlo, y los supuestos de no aplicación.
- El procedimiento y la dirección para efectuar reclamaciones.
- La identificación de los servicios de tarificación adicional.
- Los servicios postventa, de atención al cliente y asistencia técnica, así como las garantías existentes.
- Las condiciones para resolver el contrato (cuando sean superiores a un año).
- En su caso, indicación de si la empresa dispone o está adherida a algún procedimiento extrajudicial de solución de conflictos (mediación o arbitraje de consumo).
- Información sobre resolución de litigios online conforme a la reglamentación vigente en cada país.

AURUM

¿Qué requisitos hay durante la contratación a distancia con una persona consumidora?

Una vez que la persona consumidora visita la tienda online e inicia el proceso de compra añadiendo artículos al carro de la compra, hay que tener en cuenta que, justo al lado del ícono de carro de compra y en el momento de realizar la misma (en el botón de envío), se debe **indicar que es una «operación con obligación de pago».**

Solo si se identifica de este modo, **la persona usuaria queda legalmente obligada a efectuar el pago.**

En el momento de la confirmación del contrato, quien efectúa la compra debe disponer en soporte escrito de toda la información previa a la celebración del contrato y, si este es electrónico, confirmación de la entrega de aceptación.

¿Qué sucede si la parte vendedora no informa debidamente de los gastos?

Si en una contratación por medio electrónico, la parte vendedora no informa debidamente a la compradora sobre determinados gastos, esta no está obligada a pagarlos. Los gastos aplicables de los que se debe informar en las ventas online son:

- **Precio total, incluyendo impuestos y tasas**

  Se debe identificar el precio total del producto, impuestos incluidos, así como los gastos adicionales, como los de embalaje y transporte. Si no es posible calcular el precio exacto o fijo y sus gastos, se debe identificar la fórmula que se empleará para el cálculo.

  Para los casos de suscripción a revistas, periódicos u otros servicios similares que impliquen periodicidad, es necesario determinar e identificar el desglose de los gastos mensuales previstos según calendario o programación del servicio en detalle.

- **Devolución de los productos**

  Se debe determinar el costo de la posible devolución de los productos y quién se hará cargo del mismo.

¿Qué es el derecho de desistimiento?

La parte compradora tiene derecho a **rescindir el contrato y devolver el producto** sin motivo alguno, **durante un plazo de días naturales o hábiles** que puede ser distinto según la legislación de cada país, contado desde el día de la celebración del contrato o de la entrega del último bien (si son entregados por separado).

Como parte compradora

- En el caso de haber hecho una compra online y querer devolver el artículo, se debe saber que, si la empresa ha cumplido con sus obligaciones y requisitos de información, se dispone del plazo que la legislación de su país determina para ejercitar dicho derecho mediante los formularios gratuitos que se han debido poner a disposición por medio de la web.

- En caso que la parte vendedora no haya cumplido con sus obligaciones, la compradora dispondrá del plazo que la legislación determina (que acostumbra a ser superior y puede alcanzar hasta un año) para ejercitarlo desde la compra o formalización de acuerdos preliminares. La vendedora deberá devolver las cantidades que ya se han abonado sin retención de gastos.

Como parte vendedora

- Si no se facilita la información precontractual necesaria a la parte compradora, el plazo no empieza a contar hasta que se cumpla con esa obligación y finaliza transcurrido el plazo que la legislación determine (puede alcanzar hasta tres meses) a contar desde la fecha de la firma del contrato.

Información

Modelo de documento para la rescisión de un contrato:

Asunto: Desistimiento del contrato

En:................................, a............./.............../.............

A la atención de:

Nombre de la empresa vendedora y departamento
Dirección completa, teléfono y correo electrónico

Por medio de la presente, les comunico mi intención voluntaria de ejercer mi derecho de desistimiento y mi intención de DESISTIR el contrato, con relación al siguiente producto:

Fecha y lugar de adquisición, y fecha de entrega

Firma e identificación de la persona consumidora

CONTRATOS ELECTRÓNICOS Y A DISTANCIA CON PERSONAS CONSUMIDORAS
¿Qué debe indicarse con respecto al derecho de desistimiento en internet?

Toda empresa prestadora de servicios de la sociedad de la información a una persona consumidora está obligada a indicarle de **manera clara, comprensible y precisa,** que:

- Tiene derecho al desistimiento salvo las excepciones previstas (indicar si constituye excepción o no es de aplicación).

- Requisitos y consecuencias.

- Formas de devolución del bien o servicio recibido.

- Plazo para ejercitar el desistimiento.

- Procedimiento y forma de realizarlo (gratuito).

Asimismo, debe aportar un **documento de desistimiento,** que indique a quién debe enviarse, dónde, así como los datos de identificación del contrato.

Una vez solicitada la devolución, la persona consumidora debe preparar el artículo con su embalaje original o según lo que se disponga en el procedimiento establecido. Adjuntará documento acreditativo de devolución o factura y procederá a entregarlo a la empresa transportista el día y hora que la empresa vendedora le indique.

Información

El ejercicio del derecho de desistimiento no implica gasto alguno para la persona consumidora.

Cuando una persona haya ejercido el derecho de desistimiento, la empresa vendedora estará obligada a devolver los importes abonados por esta sin retención de ningún tipo de gasto. La devolución de estos importes deberá efectuarse sin demoras indebidas y, en cualquier caso, antes de que haya transcurrido el plazo que la ley determine desde la fecha en que la vendedora haya sido informada de la decisión de desistimiento del contrato por la parte compradora.

Transcurrido dicho plazo, si la persona consumidora no ha recuperado la suma adeudada, tendrá derecho a reclamarla con la indemnización que estipule la normativa de cada país, sin perjuicio de que también se le indemnicen los daños y perjuicios que se le hayan causado.

En su caso, corresponderá a la empresa vendedora demostrar el cumplimiento del plazo.

Contratos electrónicos y a distancia con personas consumidoras
¿Qué obligaciones tiene la parte vendedora ante un desistimiento?

Con la compra del producto, la persona consumidora tiene derecho a cancelar el contrato (rescindir) y ejercer su derecho de desistimiento (devolución) en un plazo de 14 días naturales sin necesidad de justificar razón alguna.

El método para hacer efectivo el derecho de desistimiento es el envío de una declaración o manifestación inequívoca del mismo, mediante correo electrónico, formulario, etc., a los datos de contacto indicados por la empresa vendedora en la web, a través de la cual se le notifica la decisión de desistir del contrato.

Como parte vendedora, hay que **facilitar un formulario optativo para poder ejercer este derecho.** Este formulario debe ser fácilmente visible y estar accesible, mediante:

- Descarga de un fichero adjunto que contenga el formulario a devolver.

- Cuando los medios técnicos lo permitan, un formulario disponible en la web para llenar y enviar directamente. Si se hace de esta manera, se debe acusar recibo de la comunicación recibida.

Consecuencias del desistimiento

Tras la rescisión de un contrato de servicios, la empresa vendedora debe cumplir con:

- **Registrar los bienes** objeto de desistimiento.

- **Reembolso de las cantidades pagadas,** incluidos los gastos de entrega (con la excepción de los gastos adicionales de entrega si ha elegido un medio de entrega diferente al ofrecido), en un plazo máximo de 14 días naturales a partir de la fecha en la que se ejerza el derecho.

- **Devolución sin gastos por el mismo medio en que se pagó.** Si fue mediante tarjeta, se realizará el reembolso en la misma.

- Si no se cumple esta obligación en el plazo de 14 días desde el ejercicio de este derecho, **la parte compradora puede reclamar el doble de lo adeudado** e incluso daños y perjuicios.

En el caso de **contratos de agua, electricidad u otros servicios similares de suministro,** la parte compradora que curse desistimiento está obligada a abonar (y no será reembolsada) la parte proporcional del servicio ya prestado en el momento de la comunicación del desistimiento.

CONTRATOS ELECTRÓNICOS Y A DISTANCIA CON PERSONAS CONSUMIDORAS
¿Qué productos o servicios no pueden devolverse?

El derecho de desistimiento no se puede aplicar por regla general en los siguientes casos:

- Cuando la prestación del servicio se haya iniciado o cuando se trate del suministro de servicios en soporte digital, siendo consciente la persona usuaria de ello, habiendo sido informada y habiendo prestado su consentimiento.

- Bienes cuyo precio dependa de fluctuaciones del mercado.

- Bienes personalizados o productos a medida.

- Bienes perecederos (alimentos, por ejemplo) que puedan deteriorarse o caducar con rapidez.

- Bienes precintados que no pueden devolverse una vez desprecintados por cuestiones de seguridad o salud (cosméticos, por ejemplo).

- Grabaciones y programas informáticos precintados que hayan sido desprecintados por la persona consumidora después de la entrega.

- Bienes que después de su entrega y teniendo en cuenta su naturaleza (bebidas, por ejemplo) se hayan mezclado de forma indisociable con otros bienes y ya no puedan ser divididos.

- Contratos destinados a realizar operaciones de reparación o mantenimiento urgente, a petición de la persona usuaria.

- Contratos celebrados mediante subastas públicas.

- Contratos destinados al ocio o residencia vacacional (transporte, alquiler, arrendamiento, etc., si poseen fecha de aplicación).

- Prensa diaria, publicaciones periódicas o revistas, con la excepción de los contratos de suscripción para el suministro de tales publicaciones.

¿Qué plazo tiene la empresa vendedora para entregar el producto?

El plazo general máximo de entrega de un bien contratado de manera electrónica es **30 días naturales a partir del día siguiente de la realización y formalización de la compra.**

En caso de que el producto no se entregue según lo estipulado o en el plazo máximo de 30 días, la persona consumidora podrá señalar a la empresa vendedora un nuevo plazo. Hay algunas excepciones por las que el empresa puede rechazar el pedido:

- Si el producto no está disponible.

- Si el producto está descatalogado.

- En caso que el plazo de entrega incumplido sea esencial (por ejemplo, un aniversario, una feria, etc.).

Si se incumple el plazo de entrega inicial o el nuevo plazo adicional, **la persona consumidora puede rescindir el contrato con derecho a reembolso** de todas las cantidades abonadas. Cuando se produzca un retraso injustificado en dicha devolución, esta podrá tener derecho al reembolso del doble de las cantidades ya pagadas y además tendrá **derecho a una indemnización por daños y perjuicios.**

A fin de evitar problemas o rescisiones de contrato por falta de entrega de un producto, cuando el producto esté descatalogado o agotado, la empresa vendedora puede enviar un producto sustitutivo de igual o análoga naturaleza del solicitado, pero:

- Siempre que haya informado expresamente a la persona consumidora de esta posibilidad.

- No puede aplicar un aumento del precio inicialmente pactado por el primer producto solicitado.

- El producto tiene que ser de similares características al inicial.

Si a pesar de todo ello, la parte compradora no está de acuerdo el ofrecimiento, puede rescindir el contrato.

¿Qué diferencia existe entre la garantía legal y la garantía comercial?

La garantía legal (aplicable por ley) obliga a la parte **vendedora a responder por los defectos o falta de conformidad sobre un producto nuevo,** durante un plazo de dos años desde la compra del bien.

La garantía legal no recae sobre la empresa fabricante o productora. Esta solo responde por medio de la garantía legal en el caso que la vendedora ya no exista, haya cesado en su actividad, o cuando a la persona consumidora y usuaria le resulte imposible o le suponga una carga excesiva dirigirse frente a la empresa vendedora.

La garantía comercial es aquella que puede ofrecerse adicionalmente con **carácter voluntario** y obliga a quien figure como garante en las condiciones **establecidas en el documento de garantía** y en la correspondiente publicidad. Este tipo de garantía no se justifica **por una falta de conformidad del producto,** ya que en ella se regulan aspectos extras a la garantía legal (como período de garantía superior a dos años, devolución de producto superado el período de desistimiento, etc.).

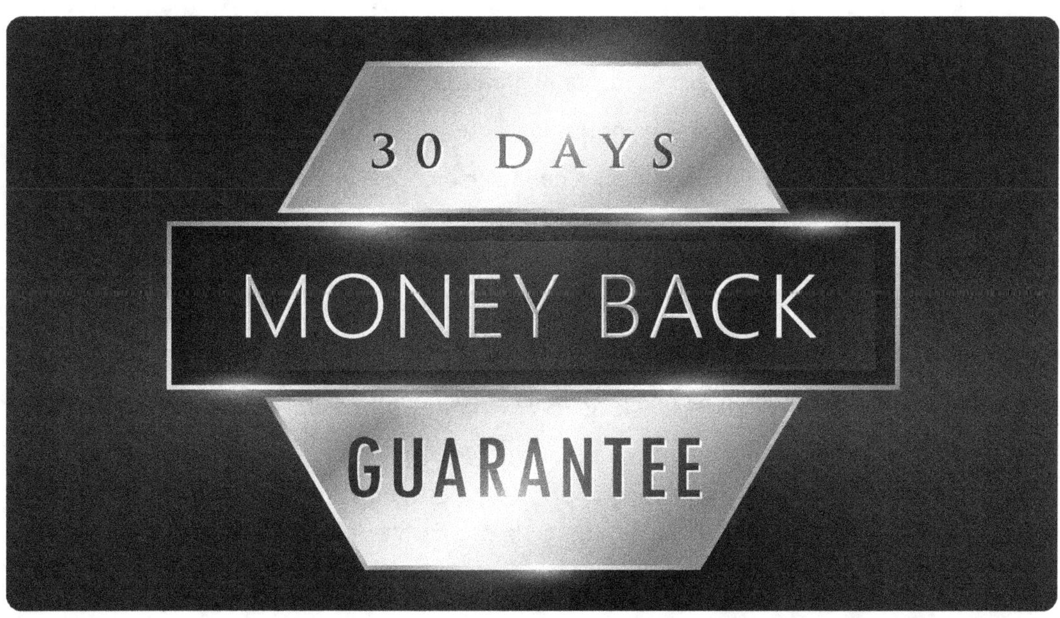

CONTRATOS ELECTRÓNICOS Y A DISTANCIA CON PERSONAS CONSUMIDORAS
¿Qué obligaciones deben cumplirse en materia de garantías?

Si se realiza una venta a personas consumidoras o clientes finales (no a un intermediario), la garantía legal que se aplica es la que determina la normativa vigente en cada país.

Como empresa vendedora, habitualmente se responde de:

- Faltas de conformidad o defectos del producto que se manifiesten en un plazo de **dos años desde la entrega** del mismo. En los productos de segunda mano, la parte vendedora y la compradora pueden pactar un plazo menor, que no podrá ser inferior a un año desde la entrega del bien.

- Los defectos que se hagan visibles dentro de los seis primeros meses, desde la entrega del producto o bien, se entenderá que ya existían en el momento de la venta. Por ello, es la parte vendedora quien debe demostrar que no había tal defecto.

¿Qué debe contener una garantía comercial adicional?

La garantía comercial debe formalizarse, al menos en español y, a petición de la persona consumidora y usuaria, por escrito o en cualquier otro soporte duradero y directamente disponible para esta, que sea accesible y acorde con la técnica de comunicación empleada. La garantía debe expresar necesariamente:

- El bien o servicio sobre el que recaiga la garantía.

- El nombre y la dirección de la empresa garante.

- Que no afecta a los derechos legales de la persona consumidora y usuaria ante la falta de conformidad de los productos con el contrato.

- Los derechos, adicionales a los de la garantía legal, que se conceden a la persona consumidora y usuaria como titular de la garantía.

- El plazo de duración de la garantía y su alcance territorial.

- Las vías de reclamación de que dispone la parte compradora.

La acción para reclamar el cumplimiento de lo dispuesto en la garantía comercial adicional prescribe en el plazo que determine la normativa de cada país desde la finalización del plazo de garantía.

H4

La creación de tiendas online

Estrategias de venta online

Una estrategia es **un plan de acción que se desarrolla con el objetivo de lograr una serie de metas.** La estrategia puede incluir tanto técnicas (formas de realizar una acción) como tácticas (conjunto de técnicas que operan juntas).

El concepto de estrategia de venta en una tienda online se refiere a los planes globales que un comercio desarrolla en internet con el fin de aumentar sus ventas. Dado que estas pueden verse incrementadas por diversas vías, se plantean distintos tipos de estrategia. Algunas de las estrategias de venta online más relevantes son:

- **Estrategias para mejorar el posicionamiento.** Cuando un cliente potencial quiere comprar un producto online suele teclear el nombre del producto en un buscador. El orden de los resultados mostrados es clave, puesto que sugiere a qué tiendas online dirigirse en primer lugar. Por ello, toda mejora del posicionamiento web es un objetivo estratégico importante para aquellas tiendas en las que la compra por búsqueda sea muy habitual.

- **Estrategias para mejorar el conocimiento previo de la marca.** En este caso, las empresas no confían en el posicionamiento y su plan consiste en darse a conocer mediante acciones de marketing u otros medios. Este tipo de estrategia es positiva cuando buena parte de los clientes potenciales va directamente a determinadas webs para adquirir ciertos productos.

- **Estrategias para mejorar la competitividad en precios o condiciones.** Dependiendo de los productos, es muy importante la comparación de precios. En estos casos, una buena estrategia puede ser ofrecer precios competitivos para lograr que las webs que ofrecen comparadores de precios sitúen el producto en los primeros puestos.

- **Estrategias para aumentar y consolidar la confianza del cliente.** En algunos casos se pueden hacer campañas informativas o de bonificación para que los clientes prueben una tienda online. Si la web muestra los puntos más valorados por la clientela (variedad de producto, presentación, condiciones de pago, eficiencia en la entrega, etc.), un buen servicio puede ir consolidando una gran bolsa de clientes mediante la fidelización.

Cómo redactar el plan de negocio de una tienda online

Un plan de negocio es un conjunto de análisis y acciones que se realizan previamente a la puesta en marcha de una tienda online, con el fin de **trazar las líneas fundamentales de trabajo en las que se debe basar el éxito del proyecto.** Un plan de negocio se compone de diversas fases:

1. **Definición del proyecto y objetivos.** En primer lugar, hay que plantear la idea y configurar un plan estratégico. Desarrollar un cuadro de mando integral (CMI o BSC por sus siglas en inglés), que sirve para fijar las principales metas y objetivos a alcanzar.

2. **Estudio de mercado y análisis FODA.** Conviene disponer de un estudio de la competencia, conocer el mercado del producto y comparar procedimientos *(benchmarking)*, entre otras informaciones necesarias. Es recomendable incluir un análisis FODA (fortalezas y oportunidades, debilidades y amenazas).

3. **Productos y política de precios.** En esta fase se presenta el producto o servicio a comercializar, y las políticas de desglose de costos y de precios, y los márgenes comerciales que se pretenden obtener.

4. **Estrategia de marketing y ventas.** Se define la estrategia general de ventas, que incluye canales de distribución, política comercial, acciones de marketing, etc. El objetivo cuantitativo debe quedar plasmado en el plan económico.

5. **Recursos.** Hay que definir, de la forma más concreta posible, los recursos humanos, tecnológicos y operativos que se precisan para llevar a cabo el proyecto empresarial. También se deben plasmar en el plan económico.

6. **Aspectos legales y administrativos.** Hay que determinar los requisitos legales y el marco normativo aplicable, y definir los pasos administrativos que se deben seguir para la puesta en marcha de una tienda online.

7. **Plan económico.** Un plan económico incluye los cuadros de gestión económica claves: el flujo de caja, el presupuesto y la cuenta de resultados, todo ello proyectado para varios años, ya que se toma como simulación para valorar el posible resultado.

8. **Plan de actuación.** En esta última fase de gestión del proyecto, se fijan las distintas actuaciones a realizar a través de un cronograma, que incluye fechas previstas de comienzo y finalización, personas responsables y otros datos relevantes.

AURUM

Cómo contratar un dominio de internet

Un dominio es **un nombre único que identifica a un sitio web en internet.** Se forma con una palabra, seguida de un punto y una extensión. Por ejemplo, margebooks.com. Disponer de dominio propio facilita la identificación ante los posibles visitantes y mejora los resultados en los buscadores, lo cual tiene mucha importancia en las acciones promocionales o la obtención de un buen posicionamiento.

Los dominios se rigen por el DNS *(domain name system* o sistema de nombres de dominio), un protocolo que asigna nombres a direcciones IP para facilitar la localización de una web. Por ejemplo, la IP http://216.58.210.131 corresponde a google.es, un DNS que la traduce a términos memorizables y fáciles de encontrar.

Proceso

Si no conocemos un proveedor en concreto, para contratar un dominio basta con teclear «contratar dominio» en un buscador de internet, para que nos muestre distintos proveedores.

Una vez elegido, debemos tener en cuenta los siguientes pasos en este orden:

- Seleccionar el nombre del dominio, en función de la estrategia que se haya definido.

- Elegir la extensión más adecuada: *.com, .es, .org,* etc.

- Comprobar que el dominio elegido está disponible (libre).

- Seleccionar otros servicios del proveedor que se requieren, además de la compra del dominio; por ejemplo, la creación de una o más cuentas de correo electrónico usando esa extensión, etc.

- Por último, proporcionar el acceso al dominio a un desarrollador web que trabaje en la arquitectura y el diseño de las páginas web de la tienda online.

Criterios para la contratación del alojamiento web

El servicio de alojamiento web (o *web hosting* en inglés) consiste en **contratar espacio en internet para almacenar información** (páginas, imágenes, videos, correos, etc.) en una computadora conectada a internet para que haga las funciones de servidor. Puede contratarse con la misma empresa que gestiona el dominio o hacerse por separado, con proveedores distintos. Es recomendable tener en cuenta los siguientes aspectos:

- **Ancho de banda.** Es la cantidad de tráfico de datos que van desde el servidor hasta los usuarios. Es recomendable que sea ilimitado, puesto que hay algunos proveedores que lo limitan y cobran suplementos al sobrepasarlo.

- **Espacio en disco.** Es aconsejable que sea ilimitado. Además, un buen servicio suele incluir un acceso FTP, que permite transferir archivos de y al servidor. El almacenaje de datos también se puede hacer en la «nube».

- **Computación desde la nube.** Este sistema permite aumentar el número de servicios basados en la red. Por ejemplo, un desarrollador web de una tienda online puede precisar aplicaciones que estén en la nube: hay que valorar a fondo los servicios que ofrece el proveedor.

- **Desarrollo web.** Es necesario ver qué tipo de aplicaciones PHP –un lenguaje de programación que se usa para crear webs y que permite, por ejemplo, gestionar las *cookies,* generar formularios, etc.– ofrece el proveedor. Es el lenguaje que usan los gestores de contenido del tipo **PrestaShop,** Joomla o WordPress.

- **Soporte técnico.** Es importante contratar un buen servicio de soporte técnico que solucione incidencias tanto de la web como de las aplicaciones empleadas.

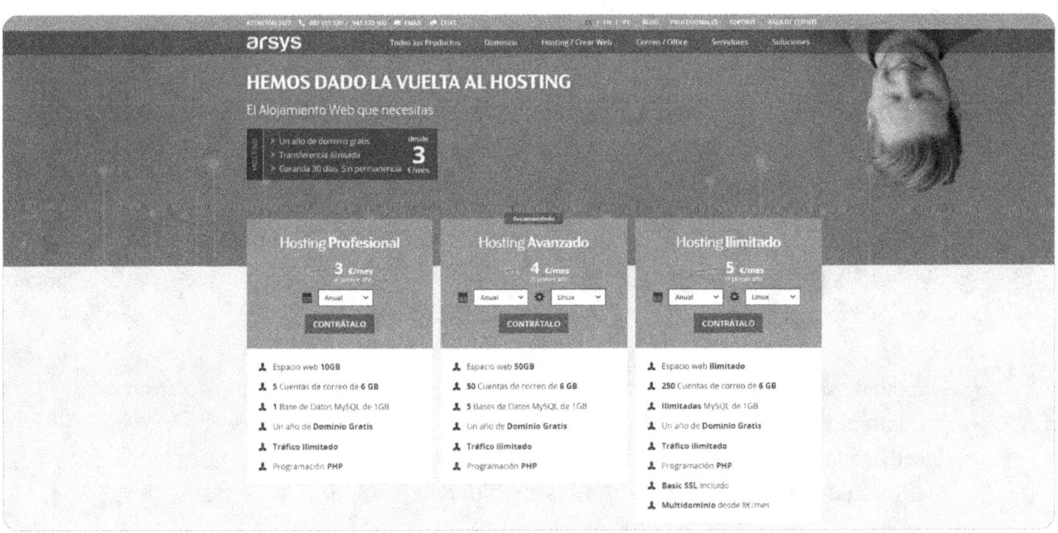

¿Qué es el certificado SSL?

SSL es el acrónimo de *secure socket layer* o **«capa de puertos (de conexión) seguros»**. En general, los datos que circulan por internet están sin cifrar, lo que los hace muy vulnerables a los ataques informáticos. Por ello existen los certificados SSL que proporcionan distintos tipos de cifrado y medidas de seguridad.

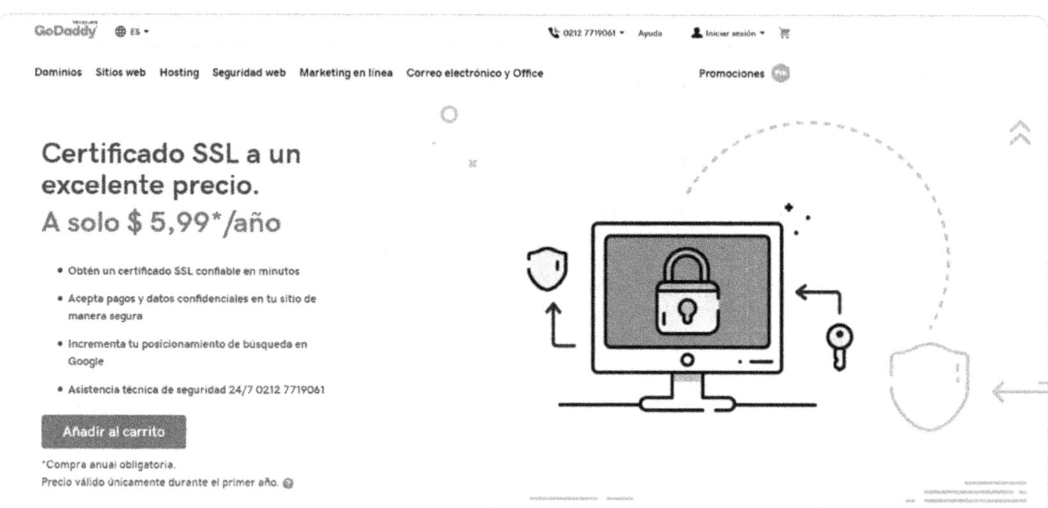

Proceso

Existen distintos tipos de certificados SSL:

- **Certificados EV SSL con validación ampliada.** La autoridad de certificación confirma que el usuario está viendo realmente su sitio web y no un sitio impostor o inseguro.

- **Certificados OV SSL con validación de organización.** Es un tipo de certificado que confirma la existencia de una empresa, tanto en el marco jurídico, como físico.

- **Certificados DV SSL, con validación de dominio.** Es el nivel más bajo de validación. Se trata de comprobar que un contacto en el dominio aprueba el certificado.

El uso de certificados SSL puede mejorar el posicionamiento web, ya que buscadores como Google y otros priorizan en las búsquedas a las páginas que disponen de ellos.

Se puede saber si una web tiene certificado SSL por el prefijo. Si precediendo al dominio aparece **http**://, los datos no están cifrados. Cuando la web tiene un certificado SSL, ese prefijo es **https**://, que significa *hypertext transfer protocol secure* o **protocolo de transferencia de hipertexto seguro**.

AURUM

Determinación de la política de precios y el alta de artículos

Una de las partes más importantes de la puesta en marcha de una tienda online es aquella que se ocupa de **definir los precios de los productos o servicios que se van a comercializar** *(pricing)*. En función de la estrategia, hay distintas opciones para fijar la política de precios:

- **Gama de precios muy baja *(low cost)*.** Este tipo de políticas se aplican cuando el factor de decisión primordial en el usuario es el precio o existen importantes comparadores de precios, que aglutinan gran parte de la demanda.

- **Gama de precios media.** En este caso, la estrategia es situarse en un precio similar al de la competencia, intentando conseguir el interés de quien compra a través de otras políticas o cualidades.

- **Gama de precios alta.** Esta política es propia de empresas consolidadas, con una imagen bien posicionada y un elevado valor añadido de marca, o bien de aquellas que comercializan un producto exclusivo o con muy poca competencia.

Proceso

Siguiendo *La teoría de los precios*, del economista estadounidense Milton Friedman (1912-2006), hay dos vías para estimar el coste de un producto:

- **Costos fijos totales + cálculo de costos variables totales = coste total.**
- **Coste total / producción estimada = coste por unidad.**

Además, se debe añadir un margen comercial en función de:

- Las políticas y estrategias de precio ya estudiadas y decididas.
- La cantidad de unidades de venta necesarias para alcanzar el umbral de rentabilidad, en primer lugar, y los objetivos del presupuesto, en segundo.

¿Qué es la economía colaborativa?

La economía colaborativa es un fenómeno socioeconómico que agrupa multitud de acciones con un denominador común: crear relaciones económicas mediante el aprovechamiento de los recursos (al **compartir en lugar de poseer**), y el uso de plataformas tecnológicas. El término proviene de la expresión *sharing economy*, impulsada a partir de 2010 por Rachel Botsman y Roo Rogers, y desarrollada también por Lisa Gansky con su concepto de «malla» en los negocios.

Ejemplos

En la economía colaborativa predomina el trato directo entre iguales. Las plataformas tecnológicas conectan a las personas o a las empresas directamente entre ellas, sin otras intermediarias, generando un nuevo tipo de relaciones económicas que pueden no ser monetarias. Alquilar, prestar, intercambiar, compartir, regalar... son sus palabras clave. Desde esta visión, existen en la red numerosas opciones para compartir vehículo o alojamiento, intercambiar bienes, prestar o ceder objetos, etc. Aunque ha surgido lo que se conoce como capitalismo de plataforma, con empresas que obtienen ingentes beneficios, burlando en muchas ocasiones las normativas comerciales, laborales o de seguridad, la economía colaborativa también abre nuevas oportunidades a fórmulas económicas cooperativas, como la economía social y solidaria, por ejemplo.

La economía colaborativa tiene un origen en una nueva forma de comercio electrónico y estos son sus pilares fundamentales:

- Conocimiento abierto.
- Consumo colaborativo.
- Finanzas compartidas.
- Producción colaborativa.

Dos visiones de la economía colaborativa en los códigos QR adjuntos.

Sharing España   OuiShare

¿Qué es el conocimiento abierto?

El conocimiento abierto es un conjunto de tecnologías, procesos, acciones y contenidos, construidos desde **lógicas de trabajo colectivas y colaborativas,** para permitir el acceso libre a determinadas informaciones (datos científicos o históricos, producción de aprendizaje, código de programación informática), que además puede ser editada y reutilizada. Por ejemplo:

- Datos y bases de datos que los gestionan (documentos, informes, resultados de investigaciones, etc.).

- Recursos educativos y materiales didácticos multimedia (videos, libros, etc.), jornadas y talleres.

- Programas informáticos, webs y herramientas para el desarrollo del conocimiento.

La libre circulación del conocimiento está vinculada al redescubrimiento del **bien común como finalidad de la sociedad,** y la gestión en común como fórmula para abordar los retos colectivos. Entre estos retos se encuentran problemáticas de carácter global, como el cambio climático o la pérdida de biodiversidad en el planeta.

Ejemplos

El ejemplo más global de conocimiento abierto es **Wikipedia.** Los contenidos de esta enciclopedia libre se construyen con la colaboración de personas de todo el mundo que aportan y comparten conocimientos de todo tipo de manera colaborativa.

Otras iniciativas vinculadas al conocimiento abierto son las de **programación libre,** que puede ser utilizada con total libertad por parte de cualquier persona, como el sistema operativo **GNU/Linux.**

Para sostenerse económicamente, este tipo de iniciativas suelen obtener ingresos a través de donaciones y de micromecenazgos.

¿Qué es el consumo colaborativo?

Es un tipo de consumo que se realiza a partir de plataformas digitales y que permite una **relación directa entre quien ofrece el servicio y quien lo demanda,** pudiendo además compartirlo con otras personas. Ello abarata los costos por eliminación de intermediarios o por el hecho de poder compartir gastos. Estas plataformas son uno de los espacios donde se ha manifestado con éxito el **consumo responsable,** facilitando el acceso a productos de bajo costo de segunda mano.

FON es una red global de usuarios de todo el mundo que comparten el wifi. De este modo, cuando viajan pueden conectarse a puntos de acceso a la red de otros usuarios.

Ejemplos

Entre las experiencias de consumo colaborativo las hay puramente mercantiles, como el caso de **Uber,** con una **aplicación dedicada al transporte privado,** enfrentada en todos los países a empresas y profesionales de taxis o autobuses por su falta de regulación y de garantías para quien los contrata.

Manteniendo un carácter mercantil, otras experiencias han servido para aproximar el consumo agroecológico a un público general. Es el caso de **La Colmena Que Dice Sí.**

Otras plataformas han permitido desarrollar **centrales de compra cooperativas,** como **Quèviure,** compartida entre cooperativas de consumo y productores agroecológicos.

Adicionalmente, existen iniciativas de compraventa online de propiedad cooperativa, como **Fairmondo,** que pone en contacto vendedores y compradores de productos éticos y sostenibles, formada por 12.000 personas usuarias y dos millones de productos.

¿Qué son las finanzas compartidas?

Se trata de un sistema de **transacciones financieras entre particulares,** generalmente a través de plataformas tecnológicas, que no precisa de intermediaciones, como las entidades bancarias u otras. Pueden clasificarse en los siguientes grupos:

- **Microcréditos** *(microcredit).* Se trata de pequeños préstamos entre particulares que usan plataformas para gestionarlas y reducir riesgos.

- **Préstamos sociales** *(social lending).* Son créditos a sectores desfavorecidos que provienen de particulares. En ocasiones son ayudas a fondo perdido.

- **Ahorros sociales** *(social saving).* Son plataformas de gestión de los ahorros que destinan parte de sus ganancias a proyectos sociales.

- **Micromecenazgo** *(crowdfunding).* Son redes de financiación colectiva, online, que permiten conseguir financiación para proyectos a cambio de determinadas «recompensas», como participar en beneficios, obtener descuentos, etc.

Ejemplo

Goteo es una plataforma de micromecenazgo de código abierto que facilita la agregación de donaciones. Los proyectos a financiar tienen que demostrar que están enfocados a generar un retorno colectivo positivo, y si se genera un producto tiene que estar sujeto a una licencia Creative Commons. Goteo está impulsada desde una fundación sin ánimo de lucro que se identifica como economía social y solidaria.

Zank es una plataforma que fomenta microcréditos entre particulares. Pone en contacto a personas que buscan financiación para un proyecto con personas que tienen dinero para invertir y quieren obtener una rentabilidad. El departamento de riesgos evalúa la solvencia y honorabilidad de los solicitantes y facilita los trámites habituales de formalización.

¿Qué es un banco de tiempo?

Un **banco de tiempo** es un modelo de intercambio de trabajos o servicios entre particulares, cuya medida es el tiempo. Así, un estudiante puede solicitar clases particulares de inglés, a cambio de hacer trabajos en el jardín de quien imparte las clases (trato directo) o bien prestar un servicio a un tercero y pagar con las horas prestadas al formador. Los bancos de tiempo **permiten acumular e intercambiar horas entre particulares,** de manera que se facilita no solo el contacto y la localización de los servicios deseados, sino también la acumulación de horas, generando un sistema económico no monetarizado.

Ejemplo

El Banco del Tiempo San Javier es una herramienta para poder intercambiar todo tipo de servicios. Al inscribirse, se permite el intercambio directo entre personas usuarias, al tiempo que se coordina el lanzamiento de talleres entre alguien que ofrece un servicio y quienes acuden a recibirlo. En ese caso, quienes lo reciben en lugar de dinero responden con otro tipo de servicios en compensación.

¿Qué es una criptomoneda y cómo se usa en la economía colaborativa?

Una criptomoneda es un **medio digital de intercambio.** En la economía colaborativa no solo hay financiación, consumo, producción y acceso al conocimiento alternativos. También existe la posibilidad de usar una moneda alternativa. En 2009 nació el **bitcóin, la más conocida** de todas las criptomonedas.

El sistema criptomonetario se sustenta bajo un conjunto de algoritmos y de entramado que asegura la imposibilidad de sabotearlo, ya que la potencia computacional necesaria para ello debería ser mayor que la del propio enjambre existente.

Las criptomonedas escapan a las regulaciones nacionales de los estados, y suponen un medio de intercambio entre particulares o empresas que es aceptado en numerosos canales comerciales. No obstante, para numerosos economistas se han convertido en un medio para la especulación, facilitan las actividades económicas ilegales y favorecen la economía sumergida.

La **red Bitcoin** usa tecnología *peer-to-peer* o entre pares para operar sin una autoridad central o bancaria; la gestión de las transacciones y la emisión de bitcóines es llevada a cabo de manera colectiva por la propia red. Bitcoin **es de código abierto; su diseño es público,** nadie es dueño o controla Bitcoin y todo el mundo puede participar.

¿Qué es la producción colaborativa?

Es un modelo innovador de producción P2P en el que un gran número de personas se coordina a través de una plataforma digital para **desarrollar todo tipo de productos.** Los elementos producidos se pueden luego utilizar e intercambiar, y las personas vinculadas pueden acceder a ellos de manera más económica que si se hubieran producido individualmente.

Uno de los ámbitos de producción colaborativa es **el desarrollo de programación libre (ficha H4.8),** que ha permitido numerosos intercambios y un gran avance en numerosos campos.

Ejemplo

Un buen ejemplo de producción colaborativa es la **Cooperativa Integral Catalana.** Entre sus principios se encuentran:

- Atender las necesidades de las personas por encima de cualquier otro interés y cada uno aportando según sus posibilidades.

- Excluir la acumulación como objetivo.

- Promover otras formas no monetarias de intercambio: economía gratuita, intercambio directo, economía comunitaria, relaciones económicas entre los productores y los consumidores, etc.

Esta cooperativa **usa su propia moneda: los ECOcoops,** que no son convertibles en euros y sobre los que no se acepta ningún tipo de interés en su préstamo.

¿Cómo se gestiona la reputación y la confianza en la economía colaborativa?

La **reputación es un elemento clave** en la economía colaborativa. Sin ella, es muy complicado poder interactuar entre particulares, que se arriesgan, por ejemplo, a viajar en auto con un desconocido, a prestar dinero o a desplazarse para ver un producto que alguien ofrece a través de una plataforma digital. Para verificar y cuantificar la reputación se han desarrollado distintas vías:

- **Valoración de las personas usuarias.** Es muy común que las plataformas digitales que ofrecen servicios o productos de particulares establezcan un sistema de clasificación de la reputación, donde se pueden valorar y emitir opiniones sobre la calidad de lo adquirido, la atención recibida, etc.

- **Portales especializados.** Hay webs que ofrecen servicios de valoración de la reputación, que pueden ser usados por otras para evaluar a los posibles ofertantes.

- **Registro previo de datos.** Hay webs que realizan una valoración previa de la reputación y la confianza, mediante la solicitud de distintos datos: títulos, nóminas, redes sociales, recomendaciones de otras personas, etc.

Ejemplo

Traity es una web especializada en gestionar la reputación online. Para ello, permite crear perfiles a los que dota de una mayor o menor reputación basándose en su participación en redes sociales, la verificación de su correo electrónico o teléfono, o recomendaciones emitidas por otras personas.

H5 El marketing online

Cómo configurar un plan de marketing online

El **plan de marketing es una herramienta de gestión** básica para las tiendas online. Puede determinar en gran medida el tráfico de visitas a la web y, por tanto, contribuye a alcanzar la finalidad para la que se haya creado. En función de las características del mercado que se quiera abordar, hay que desarrollar las siguientes acciones:

- Crear una **marca corporativa.** Es recomendable iniciar las acciones de marketing con el propio nombre de la tienda, acorde también con la elección de dominio y de los conceptos relacionados con los valores de la marca que quieren transmitirse.

- A partir de aquí, es muy importante **posicionar la web** de manera adecuada, lo que puede conseguirse mediante diferentes herramientas:

  - Posicionamiento SEO *(search engine optimization),* a través de los motores de búsqueda.

  - Posicionamiento SEM *(search engine marketing),* mediante acciones de marketing y publicidad online.

  - Herramientas multifunción.

  - Herramientas para planificación de palabras clave.

  - Herramientas para mejora de la velocidad de carga.

  - Automatización de contenidos.

  - Certificados SSL (protocolos de seguridad).

  - Análisis de tráfico y conversión (vía Google Analytics).

  - Analisis de *backlinks* (enlaces que recibe una web desde otros sitios web).

  - Gestión de redes sociales.

- **Desarrollar un diseño web** eficaz para que la experiencia de compra sea lo más positiva posible y potencie la fidelización del usuario.

- **Usar las redes sociales como elemento de marketing,** dentro de una categoría especial.

¿Qué es el posicionamiento SEO?

SEO es el acrónimo de *search engine optimization,* que significa **optimización en motores de búsqueda** o **posicionamiento en buscadores.** Es un proceso de optimización de las posiciones en las que aparecen los resultados cuando un usuario introduce un concepto en un motor de búsqueda. Estos motores utilizan algoritmos que se fijan en criterios como la popularidad (visitas recibidas) o la relevancia (coincidencia o aparición del concepto buscado).

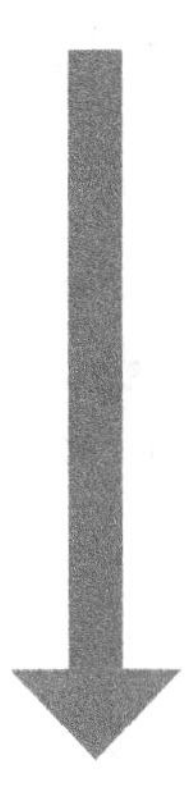

El posicionamiento SEO hace que al introducir una palabra se origine un orden de aparición de los resultados, que puede darse por anuncios o por posicionamiento natural SEO.

Proceso

Existen distintos tipos de posicionamiento SEO:

- **SEO interno *(on-page).*** Es el que depende de la persona usuaria y, por así decirlo, facilita el trabajo del buscador. Para mejorar este SEO se puede indexar las páginas, clasificarlas según interés, etc.

- **SEO de contenido.** Es el que se ocupa del contenido de las webs. En esta búsqueda tienen mucha relevancia las palabras. El buscador ofrece resultados tras analizar la semántica web (palabras relacionadas con otras) o las *keywords* o palabras clave. Para determinarlas, es habitual usar herramientas especiales de análisis e incluso servicios externos.

- **SEO externo *(off-page).*** Los motores de búsqueda establecen determinadas guías de buenas prácticas, algoritmos en función de varios parámetros, etc. Cuanto más se cumplan estas guías y mejor se apliquen los criterios que se premian en los algoritmos, mejor posicionamiento se obtiene.

En general, es aconsejable dirigirse a una empresa especializada para potenciar el posicionamiento SEO de una web, ya que cuentan con herramientas, conocimientos y experiencia que pueden ser utilizadas para la estrategia de marketing.

¿Qué es el SEM?

SEM es el acrónimo de *search engine marketing* o **marketing en motores de búsqueda.** Se trata de un conjunto de herramientas, gratuitas o de pago, que ayudan a mejorar la visibilidad de las webs. Los principales buscadores ofrecen a las empresas la posibilidad de mostrar sus anuncios en los resultados de búsqueda a cambio de una compensación económica. Las técnicas SEM más conocidas son:

- **CPC (coste por clic).** Se trata de un método de publicidad por la cual el buscador coloca el resultado de un determinado anunciante en las primeras posiciones de búsqueda a cambio de un coste por cada vez que un usuario abra el enlace anunciado.

- **PPA (pago por acción).** Es similar al CPC, pero en este caso el pago es por cada vez que alguien realiza una acción como comprar o registrarse.

- **CPL (coste por *lead*).** Es un coste por cada vez que una persona usuaria realiza una acción cualquiera dentro de la web, como solicitar información, etc.

- **CPM (coste por mil impresiones).** Es un método de pago por el que el anunciante paga cada vez que su anuncio aparece mil veces en una página.

Los principales proveedores de anuncios son las aplicaciones Google AdWords, Yahoo Search Marketing (YSM) y Bing Ads (Microsoft adCenter).

¿Qué son las herramientas para mejorar la velocidad de carga de la web?

En la búsqueda de posicionamiento SEO «se premia» la velocidad de carga, que es la **velocidad a la que se transfieren datos de internet a la computadora de una persona conectada.** Es, por tanto, un factor de interés para poder mejorar posiciones: una carga de página lenta (más de 4 o 5 segundos) puede afectar negativamente a la experiencia de quienes tratan de acceder a ella. Por este motivo, los desarrolladores web disponen de numerosas herramientas online y gratuitas para medirla y optimizarla:

- **Google Webmaster Tools.** Servicio que permite analizar el rendimiento de cada sitio web sobre el total del mundo.

- **Google PageSpeed Insights.** Complemento o *plugin* de Google que analiza el rendimiento web y da sugerencias para mejorar la velocidad de carga.

- **WebPageTest.** Herramienta de AOL que realiza un completo análisis del tiempo de carga y ofrece propuestas de optimización.

- **Gtmetrix.** Recurso que analiza los elementos que enlentecen la velocidad de carga.

- **Pingdom.** Informa sobre el peso de la página, la velocidad de descarga, análisis de código y da sugerencias de desarrollo.

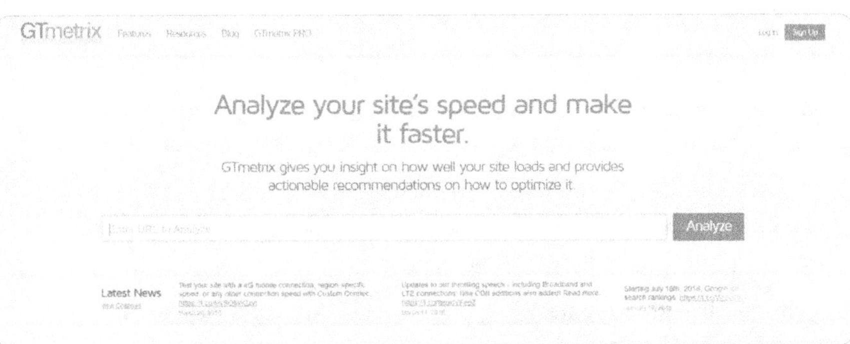

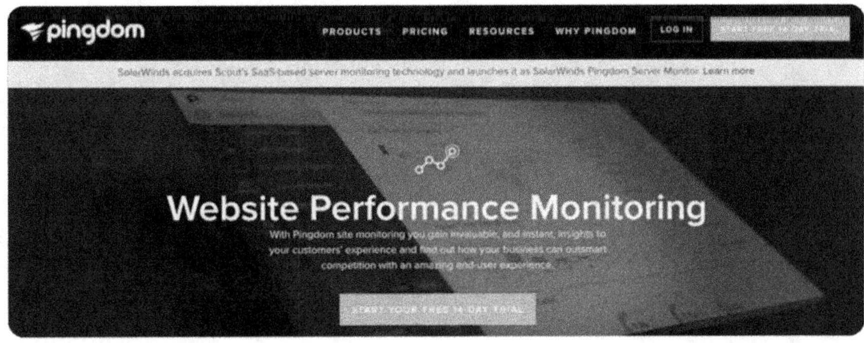

¿Qué son las herramientas multifunción?

Las herramientas multifunción permiten optimizar el posicionamiento gracias a distintas funcionalidades que van desde la **simulación de resultados por palabra, hasta el análisis de impactos por campaña.** En general, las grandes empresas o las agencias de marketing online trabajan habitualmente con conjuntos de este tipo de herramientas.

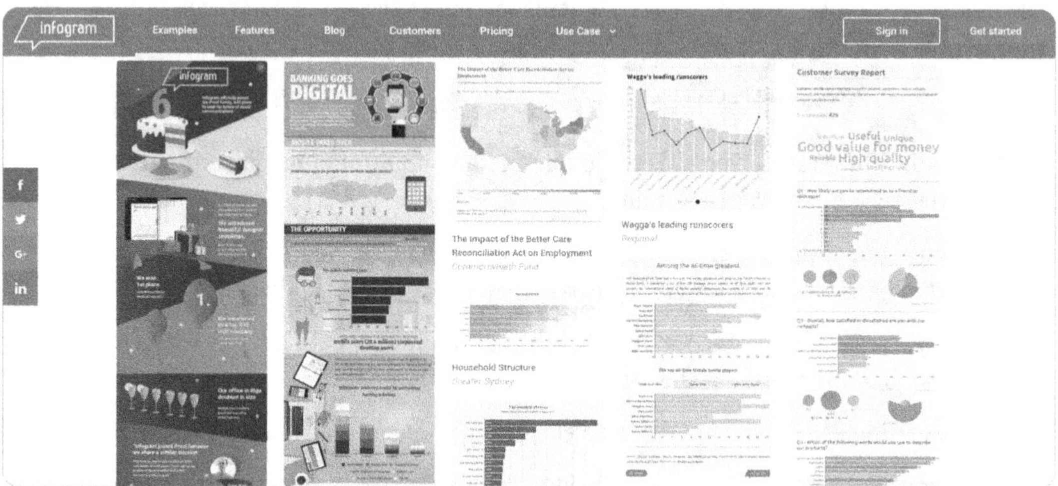

Proceso

Hay muchas herramientas multifunción. Las más destacadas son:

- Herramientas para **monitorización o análisis** (Keyhole, Google Analytics, Alexa Shared Counter, Mention, Google Alerts, etc.). Permiten analizar palabras clave, generar informes, etc.

- Herramientas para **promoción de contenidos** (Slideshare, Box, Google Drive, Bitly, etc.) Pueden servir para compartir contenidos de forma pública o privada.

- Herramientas de **productividad** (Evernote, IFTTT, OneTab, etc.). Ayudan a mejorar la organización de tareas, informaciones, etc.

- Herramientas para la **creación de contenidos** (Piktochart, Canva, PicMonkey, PowToon, etc.). Pueden ayudar a desarrollar contenidos muy atractivos.

- Herramientas para la **mejora del posicionamiento** (Ubersuggest, Yoast, etc.). Se trata de utilidades que permiten, por ejemplo, generar palabras clave o generar *plugins* para mejorar los contenidos.

- Herramientas para el ***eMail Marketing*** (MailChimp, Mailrelay, Acumbamail, etc.). Son herramientas que permiten el envío masivo y organizado de correos electrónicos.

El uso de las redes sociales como herramienta de marketing

Las redes sociales se han constituido como un **lugar de encuentro virtual masivo** en el que las empresas pueden participar para mostrar sus productos, mejorar su imagen de marca, lanzar promociones y otras muchas funciones.

Además, el estar presente en las redes, generar y difundir conocimiento y comunicación a través de ellas mejora el posicionamiento SEO **(ficha H5.2)**, al aumentar la relevancia en el ciberespacio.

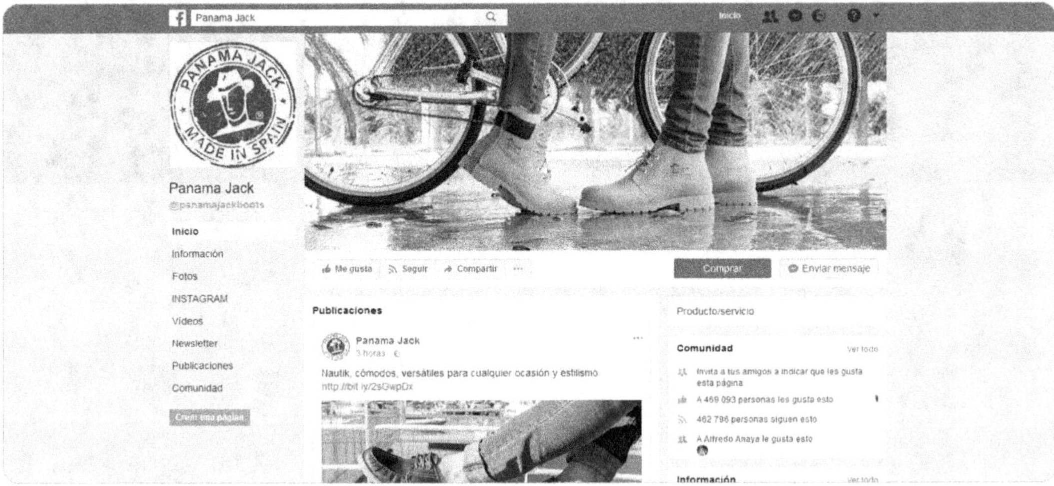

Proceso

Las redes sociales facilitan la comunicación en un doble sentido. Por una parte, permiten a las empresas lanzar sus campañas y, por otra, proporcionan mucha información sobre los gustos y perfiles, lo que ayuda a preparar campañas muy selectivas y de un mayor valor añadido. En resumen:

- Las redes sociales permiten transmitir noticias, videos, etc., que configuran una mejor imagen de marca.
- Se logra una mayor fidelización de la clientela.
- Se permite una comunicación que genera relaciones más allá de la venta.
- Si los contenidos generados son interesantes, las redes pueden ayudar a difundirlos gratuitamente al compartirlos diferentes usuarios.
- Permiten una segmentación de perfiles, para un mejor aprovechamiento del esfuerzo y el dinero invertidos.

Se puede ampliar estos contenidos en el bloque H7 **(fichas H7.1 y ss.)** dedicado al comercio electrónico en las redes sociales.

AURUM

Las aplicaciones en el comercio electrónico

Con el auge de los teléfonos inteligentes o *smartphones* tambien ha crecido el mercado de las aplicaciones para dispositivos móviles, también conocidas como *app*. Y, como no podía ser menos, muchas de ellas se dedican al comercio electrónico. **Las aplicaciones permiten funciones y campañas que ningún otro sistema es capaz de lograr,** por lo que tienen una gran importancia en el desarrollo de una tienda online.

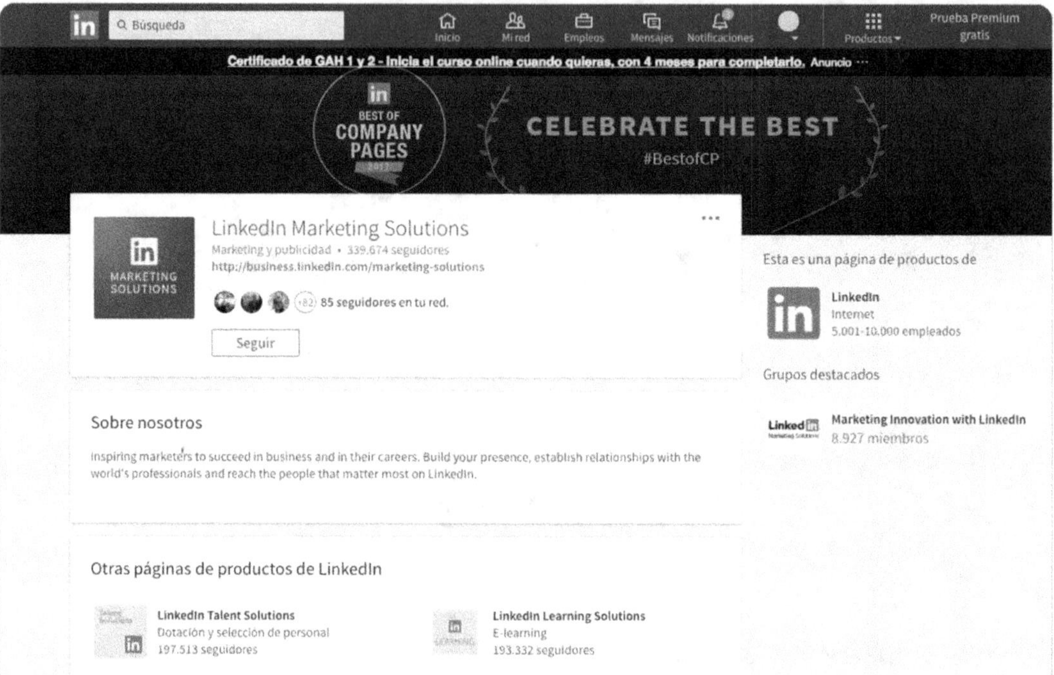

Información

Las principales características de las aplicaciones para dispositivos móviles pensadas para desarrollar marketing online son:

- Estas aplicaciones son un gran mercado en sí mismas, ya que suelen ser de pago.

- En muchos casos, generan lanzamientos de mensajes y campañas *push,* que la persona usuaria ha permitido por el hecho de habérselas instalado.

- En algunos casos, con su instalación se autoriza el registro de datos de los usuarios, con el fin de lanzar campañas selectivas a medida.

- Las redes sociales se pueden coordinar con las aplicaciones móviles, lo que permite una visualización mayor de la compra y el producto.

¿Qué es el *marketplace* y cómo se usa?

Un *marketplace* es un sitio donde vendedores ofrecen sus productos a compradores, en **una relación comercial virtual que equivale a los mercados tradicionales** en el mundo físico. En este tipo de plataformas existen canales ya tipificados donde los vendedores pueden ofrecer su producto de una determinada manera y en el que los usuarios pueden igualmente realizar búsquedas, comparaciones, solicitudes de presupuesto, etc., de una forma sencilla y estructurada, y con un método rutinario. **Amazon, Booking o Alibaba son ejemplos de** *marketplaces.*

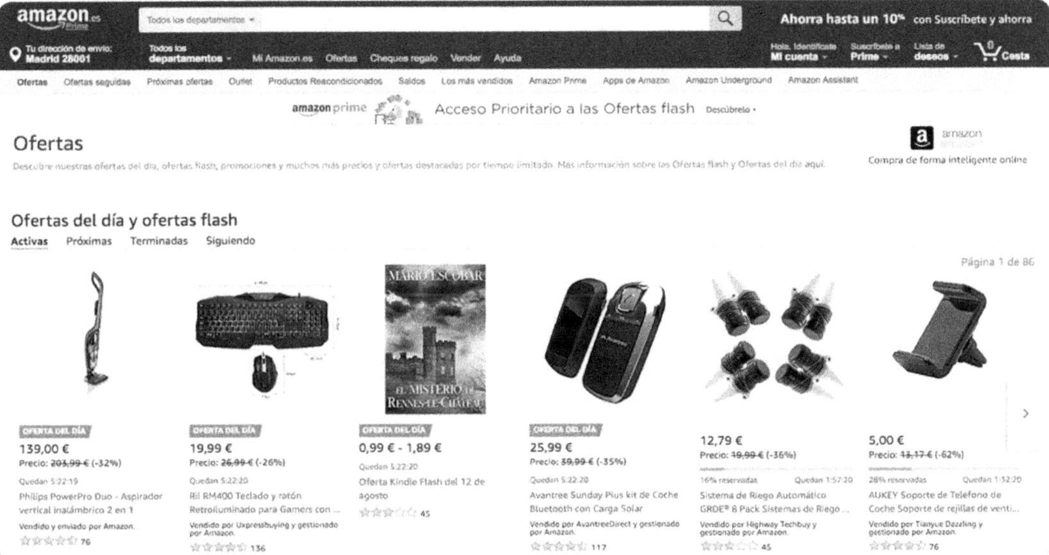

Ventajas

Algunas de las ventajas de tener un *marketplace* son:

- **Posicionamiento.** El propio *marketplace* tiene ya una buena posición, con lo que no es necesario invertir tanto en posicionamiento SEO, SEM u otras herramientas.

- **Seguridad.** Los clientes se sienten seguros al comprar en un sitio conocido y eso hace que aumenten las ventas.

- **Gestión de pagos.** El *marketplace* cobra y luego realiza pagos de una forma segura.

- **Sinergias.** Los *marketplaces* ofrecen productos complementarios cuando se realiza una venta, con lo cual se produce una cierta venta por impulso.

- **Logística.** Es muy habitual que los *marketplaces* más potentes ofrezcan importantes servicios de logística de distribución a mejores precios.

H6 La e-logística

¿Qué es la e-logística?

La logística del comercio electrónico o e-logística se ocupa del **almacenaje y transporte necesarios para gestionar la cadena de suministro de las empresas.** Novedosa respecto a la logística tradicional, ha adquirido una personalidad y unas técnicas propias, lo que ha hecho evolucionar a los sectores de la mensajería y la paquetería. Entre sus retos está el enorme número de entregas atomizadas que tiene que cubrir, con plazos de tiempo muy acotados, y la búsqueda constante de reducción de costos. En muchos casos, es extremadamente compleja debido al bajo coste de los productos a enviar, la dispersión geográfica, la logística urbana, los días punta y otros factores. Los procesos a tener en cuenta son:

- Estrategia y diseño del sistema de gestión de existencias y almacenes, si se precisan (red de distribución, triangulación de envíos, etc.).
- Definición y diseño del embalaje.
- Selección y contratación de las empresas de transporte.
- Gestión de los pedidos y coordinación de su preparación.
- Seguimiento de los envíos.
- Resolución de incidencias y problemas.
- Diseño de soluciones para mejora de costos.
- Administración.
- Logística inversa.

Las reglas Incoterms en el comercio electrónico

Incoterms es el acrónimo de *International Commerce Terms*, reglas comerciales fijadas por la Cámara de Comercio Internacional (CCI). Tienen por objeto delimitar los derechos y las obligaciones de las partes que intervienen en la compraventa internacional de un producto en lo que concierne a estos cinco aspectos:

- Obligaciones de la parte compradora y la vendedora.
- Costos que asume cada parte.
- Responsabilidad sobre la mercancía.

- Despachos de aduanas.
- Lugar y momento de entrega de la mercancía.

Las reglas Incoterms 2010, según la última versión emitida por la CCI, son estas:

Sigla	Descripción		Destino / Transmisión del riesgo
EXW	*Ex works*	En fábrica	Origen
FCA	*Free carrier*	Franco porteador	A definir en el transporte local
FAS	*Free alongside ship*	Franco al costado del buque	En el costado del buque
FOB	*Free on board*	Franco a bordo	En el buque estibado
CFR	*Cost and freight*	Costo y flete	En el muelle del puerto de destino, sin descargar
CIF	*Cost, insurance and freight*	Costo, seguro y flete	En el muelle del puerto de destino, sin descargar
CPT	*Carriage paid to*	Transporte pagado hasta	Hasta el punto pactado
CIP	*Carriage and insurance paid to*	Transporte y seguro pagados hasta	Hasta el punto pactado
DAT	*Delivered at terminal*	Entregada en terminal	Descargado en terminal de destino
DAP	*Delivered at place*	Entregada en lugar	Hasta el punto pactado
DDP	*Delivered duty paid*	Entregada derechos pagados	Hasta el punto pactado

Aplicación

Cuando se realiza la venta internacional de un producto online hay que indicar la regla Incoterms que se va a aplicar.

Esta venta puede realizarse a través de diferentes tipos de comercio electrónico: B2C, C2C, B2B, etc., desde un solo producto unitario, hasta uno o varios contenedores.

Para aplicar adecuadamente las reglas Incoterms es recomendable:

- Crear una pestaña en el sitio web en la que se expliquen los términos y las condiciones de transporte, incluyendo las reglas Incoterms que se ofrecen y el contenido de cada una.
- Establecer en la pantalla de confirmación de pedidos unas opciones para la selección de la regla Incoterms elegida.
- Establecer en los presupuestos y las facturas un campo para reflejar la regla Incoterms.
- Establecer la forma en que se transmitirán a las empresas transportistas.

Cómo elegir el medio de transporte en el comercio electrónico

Para seleccionar el tipo de transporte más adecuado para entregar productos vendidos a través de una tienda online hay que considerar tres factores:

- **Peso por envío** (en caso de ser voluminoso se computaría el peso volumétrico facturable,* acorde con los criterios establecidos por la empresa de transporte).
- **Plazo de entrega.**
- **Medio de transporte** deseado.

Según estos criterios se establecen distintas gamas de servicio (paquetería, grupaje, etc.) determinadas en función del peso. El siguiente cuadro referencia los principales servicios, peso y tipo de vehículo para el transporte terrestre:

Transporte terrestre	kg	Vehículos
Mensajería	Hasta 20	
Mensajería urgente / *courier*	Hasta 20	
Paquetería	De 5 a 1.000	
Mercancía paletizada	De 50 a 6.000	
Grupaje	De 6.000 a 20.000	
Carga completa general	De 20.000 a 25.000	
Portacontenedores	De 5.000 a 25.000	
Transportes especiales	De 20.000 a 100.000	
Transporte de mercancías peligrosas	De 2.000 a 33.000	

*Véase la ficha D16 en *Técnicas para ahorrar costos logísticos. Aurum 2*, Luis Carlos Hernández Barrueco, Marge Books, 2017, Barcelona.

¿Qué servicios pueden prestarse en la logística del comercio electrónico?

La e-logística comporta multitud de servicios, no únicamente el del transporte. Implica una serie de técnicas que es necesario conocer, ya que son **procesos muy diferentes de los de la logística tradicional.**

Características	Logística tradicional	e-logística
Tipo de envío	Predomina la carga completa (camión, contenedor, etc.)	Predomina la pequeña carga (paquete individual o sobre con documentación)
Estilo de demanda	Producción y luego venta	Venta y luego compra o producción
Cliente	Habitual y conocido	Desconocido y poco regular
Flujo de mercancías	Regular y conocido	Irregular y desconocido
Puntos de destino	Mayoritariamente empresas	Mayoritariamente particulares
Demanda	Estable y predecible	Inestable e impredecible
Uso de almacenes físicos	Es necesario tener un inventario físico	Se puede prescindir de inventarios y externalizarlos

Solución

Recursos para gestionar los servicios de la e-logística:

- Gestión de la externalización en la cadena de suministro: sistema e-SCM.
- Envío tercerizado o *dropshipping*.
- Recepción y preparación de pedidos: *e-fulfillment*, sistemas de reexpedición, etc.
- Servicio de empaquetado y embalado.
- Logística inversa de embalajes.
- Gestión de flotas urbanas especiales.
- Gestión de puntos de admisión urbana.
- Almacenamiento completo de pequeños lotes o unidades.
- Gestión de cobros y documentación anexa.
- Controles, información y reportes.
- Soporte y atención a los clientes y consumidores.
- Desarrollo de sistemas de comunicación automática con clientes y empresas.
- Sistemas de seguimiento de pedidos.
- Integración automática con la web del cliente.

¿Cómo se aplica el envío tercerizado?

El envío tercerizado o *dropshipping* es una estrategia que consiste en vender productos de terceros, por lo que es más propia de distribuidores que de fabricantes. Para ello, se llega a **acuerdos con los fabricantes o distribuidores y se comercializan sus productos con la imagen y documentación propias.** De ese modo, se sirven los pedidos desde el lugar de producción, lo que permite a la empresa comercializadora prescindir de almacenes, ahorrar costos y reducir la inversión inicial. A pesar de las ventajas, el margen de beneficio que se obtiene por cada venta es menor.

Ejemplo

Una empresa vende tablets de distintas marcas y no tiene almacén ni inventarios. Desde su web emite órdenes para informar a los almacenes de las diversas marcas de que tiene que servir un pedido. Previamente ha acordado la distribución tercerizada para que puedan servir en su nombre.

Técnicas

Un acuerdo de distribución desde el proveedor hasta el cliente hace necesario fijar muy bien cada parte del proceso para obtener la rentabilidad esperada en un entorno en el que los medios son de un tercero. Es importante definir y acordar previamente los siguientes puntos:

- Qué embalaje se empleará para conservar la imagen corporativa de la empresa comercializadora.
- Qué tipo de nota de entrega se generará y qué dirección de remite se indicará.
- Qué información contendrá la etiqueta, dependiendo de cada pedido.
- Especificar si los pedidos individuales se unificarán o no. En caso de unificar dos o más pedidos, hay que fijar descuentos por embalado o entrega.
- Qué plazos de entrega por zonas se aplicarán, ya que es necesario anunciarlo.
- Fijar las condiciones de devolución y posibles costos adicionales.
- Concretar el costo y el modo de pago y cobro de los reembolsos.
- Determinar el sistema de registro y la gestión de la información de las entregas realizadas.
- Fijar las condiciones por las cuales el proveedor respetará a los clientes que aporte la comercializadora.
- Desarrollar la aplicación informática para que el distribuidor recoja y tramite automáticamente los pedidos desde la web del cliente.

AURUM

¿Cómo ahorrar costos de reparto derivados de atascos?

La mayor concentración de costos en la distribución urbana se produce en la llamada última milla, que corresponde al último tramo de la entrega. Uno de los factores que más hace aumentar los costos son los atascos, ya que **se consume más combustible, baja la productividad (menor número de repartos por día) y produce retrasos.** Estas son las principales técnicas para evitarlos:

- **Utilizar vehículos ligeros** (triciclos, bicicletas) que puedan circular por carriles especiales.
- **Usar motocicletas de reparto** que puedan evitar los atascos.
- **Programar los repartos en las llamadas «horas valle»,** cuando hay menos circulación.
- **Entrega combinada mediante nodos de distribución urbana.** Son puntos en los que un vehículo grande entrega un gran conjunto de envíos sueltos, lo que permite a los repartidores cargar vehículos más pequeños. Una variante son los CUC **(ficha H6.7).**
- **Entrega modular.** Es una variante de la anterior. Un vehículo llega con contenedores pequeños (de entre 1 y 2 m³), y hace una ruta en la que deja contenedores cargados y toma los vacíos en la calle. Hace las entregas a repartidores a pie que llevan un carro eléctrico para transportarlos.
- **Entrega en puntos de admisión** a los que va el cliente.
- **Entrega en consignas automáticas** que se pueden encontrar en lugares públicos o en instalaciones dentro del propio edificio.
- **Usar vehículos eléctricos, híbridos o a gas,** de bajo consumo que reduzcan la contaminación y los costos externalizados.
- **Programar el reparto en horas nocturnas.**
- **Usar la programación inteligente del transporte,** que busque rutas alternativas con menor densidad de tráfico.
- **Agrupar envíos con otras empresas** para compartir gastos.
- Usar programas de ayuda a la **conducción eficiente.**
- **Hacer la «ruta del panadero».** Es una entrega diaria a una hora establecida y en las mismas paradas en las que el cliente se compromete a ir a tomar en persona.

AURUM

Centros urbanos de consolidación (CUC)

Se trata de **superficies de gran tamaño, situadas en núcleos urbanos, donde se realizan diferentes operaciones logísticas.** Suelen ubicarse en el subsuelo de centros comerciales o garajes a los que llegan vehículos medianos o de gran tamaño con multitud de pedidos para transbordarse a vehículos más pequeños. Acostumbran a contar con tiendas o puntos de admisión a los que pueden acudir los clientes.

A diferencia de las tiendas o puntos de admisión particulares de las empresas de transporte, los CUC tienen una estructura formada por tres agentes que desempeñan diferentes acciones:

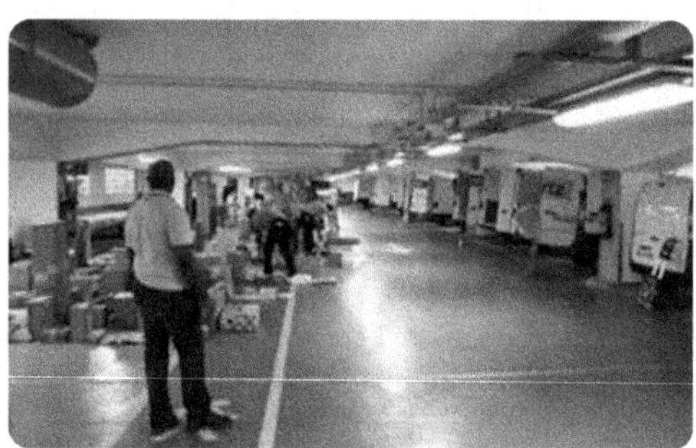

Operador de última milla:

- Gestión empresarial y operativa del CUC.
- Servicio de entrega y recogida a terceros en la última milla.
- Servicios de alquiler de flota compartida de vehículos.
- Servicios de recarga y parqueadero a vehículos híbridos o a gas.

Empresas logísticas:

- Entregas y recogidas en el CUC con vehículos de tamaño mediano o grande.
- Entregas y recogidas en la última milla con vehículos propios o del CUC.
- Coordinación con el CUC.

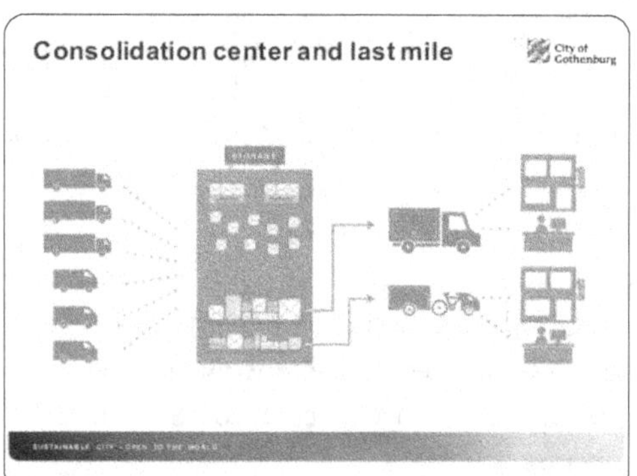

Municipio o administración local:

- Autorizaciones administrativas.
- Definición de las políticas urbanas del transporte de mercancías.
- Desarrollo de subvenciones y restricciones para apoyar el CUC.
- Realización de actividades de promoción y consecución de apoyos.

AURUM

¿Cómo ahorrar costos por ausencia de destinatario?

Una de las grandes dificultades de la distribución urbana de mercancías se produce cuando el repartidor llega al destino para realizar la entrega y el destinatario no se encuentra en su domicilio para recibirla. En función de lo establecido por la empresa de transporte, es posible que se tenga que regresar a la dirección de entrega, lo que supone un doble costo. Por ello, es muy importante **reducir la posibilidad de que se den segundos o terceros repartos** o minimizar su costo.

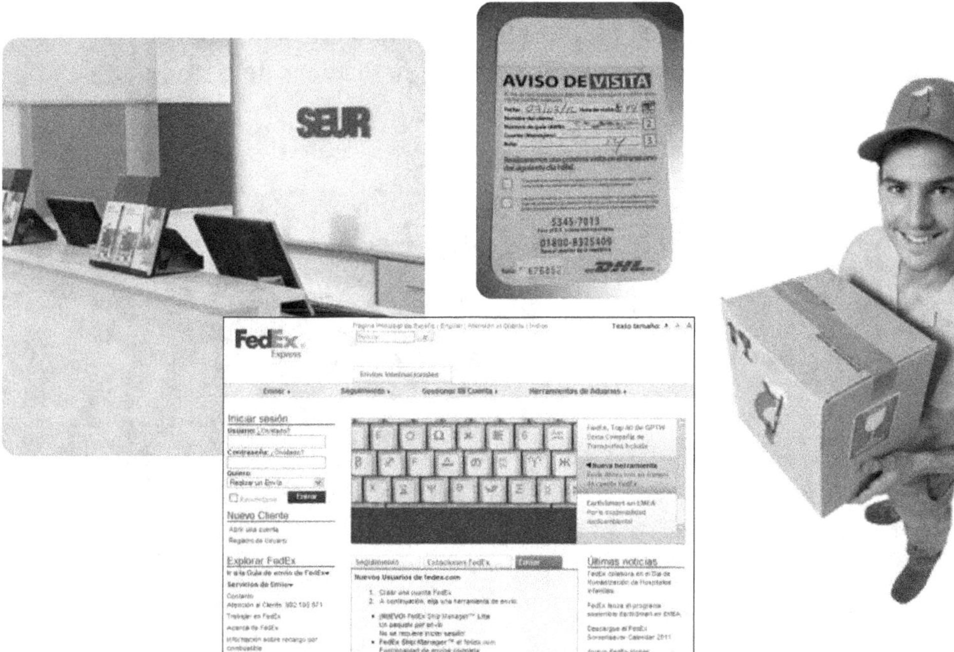

Técnicas

1. Cobrar un sobrecosto a partir del segundo reparto fallido.

2. Establecer en las condiciones que en caso de ausencia en el primer reparto se dejará una nota para que el destinatario pase a tomar el paquete por un punto de entrega cercano a la dirección de destino.

3. Premiar con un descuento las entregas en un punto concertado (consigna, punto de entrega, etc.).

4. Llamar al teléfono del destinatario antes de pasar por segunda vez.

5. Solicitar la validación de la hora de reparto en el pedido por mensajería instantánea.

Gestión de cobros y justificante de entrega

Uno de los aspectos críticos de la distribución de pequeños envíos es el cobro contrarrembolso, así como la administración de los justificantes de entrega para su comprobación ante posibles reclamos o devoluciones.

Cuando este sistema implicaba hacer pagos en metálico y aportar documentación física, esto suponía riesgos para el personal de reparto: posibilidad de hurto, necesidad de llevar monedas, aceptar la entrega en un domicilio vecino o las firmas ilegibles.

La aplicación de las tecnologías de la información y la comunicación y las actuales exigencias jurídicas en cuanto a la precisión del comprobante, han motivado la **aparición de nuevos recursos y han hecho variar las técnicas de gestión en el reparto domiciliario.**

Técnicas

Estas son algunas de las medidas que se pueden adoptar para mejorar la gestión de cobros:

- Utilizar dispositivos de pago electrónico que admitan tarjetas de crédito o el pago mediante teléfono.

- Admitir la devolución de cambios vía pago electrónico aunque se haya pagado en metálico.

- Exigir la firma digital y el número de identidad (en algunos casos se puede pedir el documento escaneado).

- Instalar impresoras o escáneres portátiles en los vehículos de reparto para imprimir o escanear documentos físicos.

- Dotar a las empresas de medios de escaneo masivo para archivar online las notas de entrega.

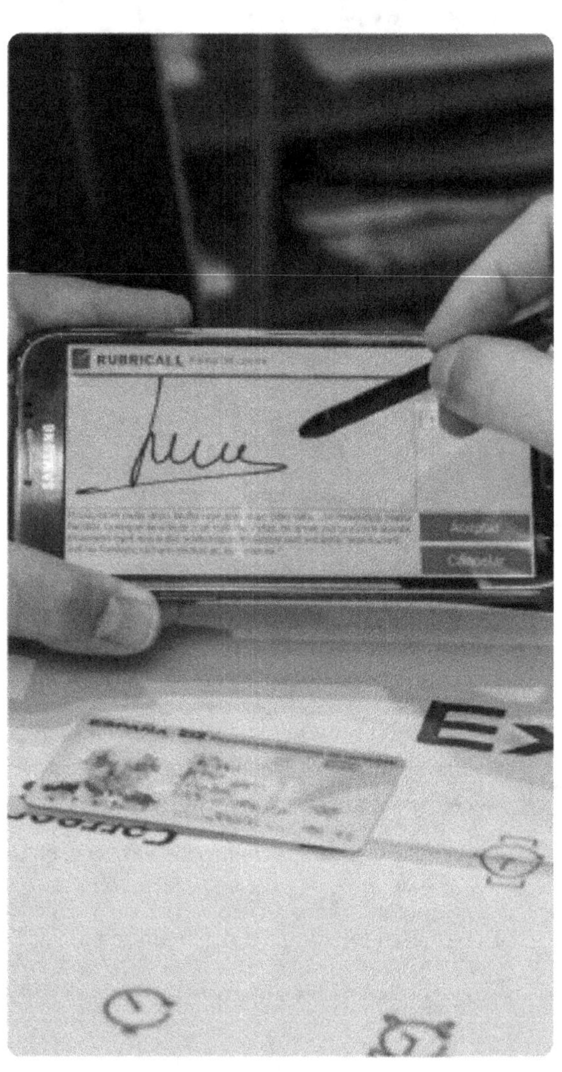

¿Cómo optimizar el embalado y etiquetado en la e-logística?

Las empresas que venden a través de tiendas online tienen unas **dificultades específicas en el embalado y etiquetado,** diferentes a las de la logística tradicional. La diferencia radica en que la e-logística acostumbra a vender bulto a bulto, y es posible que se realice distribución bajo el modelo de envío tercerizado **(ficha H6.5).** Estos son algunos de los problemas que implica:

- Se genera una enorme variedad de embalajes de distintos tamaños, que deriva en grandes inventarios de embalaje vacío.

- Necesidad de diseñar embalajes especiales para reforzar la imagen de marca online.

- En el caso de envíos tercerizados, el distribuidor se enfrenta al reto de embalar sus productos para muchas compañías comercializadoras, que siempre desean destacar su imagen de marca o eliminar la del fabricante.

- Disponer de un embalaje especial para los envíos que suman varios pedidos.

Técnicas

Técnicas para solucionar estos problemas:

- Reducir la lista de posibles tamaños de embalaje, ajustando el contenido mediante el relleno óptimo.

- Utilizar cajas neutras y prescindir del uso de logotipos.

- Emplear cajas neutras a las que se puede añadir un logotipo mediante etiquetas adhesivas o sistemas de impresión en el momento. También se pueden cubrir las cajas con hojas adhesivas o bolsas de cartón personalizadas.

- Usar cajas de un operador logístico y no del fabricante si el envío es tercerizado.

¿Cómo implementar un sistema de seguimiento de envíos?

Tanto para las empresas vendedoras como para las de transporte es fundamental contar con un sistema de seguimiento de envíos. No obstante, existen muchas casuísticas que dificultan su implementación:

- Es posible que las empresas vendedoras trabajen con varias empresas de transporte.

- Las empresas de transporte pueden establecer sistemas de seguimiento propios o tener que vincular su información con la de clientes muy distintos.

- Existen numerosos sistemas de introducción de datos en el proceso de envío, así como sistemas para visualizarlos.

Proceso

Técnicas para desarrollar un sistema de seguimiento de envíos en los diferentes procesos de gestión:

Introducción de datos
1. El personal puede introducirlos manualmente al ejecutar cada paso.
2. Se pueden usar etiquetas inteligentes que actualicen cada paso de manera independiente.

Visualización de datos
1. En la web del cliente, del transportista o mediante plataformas especializadas.
2. A través de aplicaciones informáticas.
3. Por mensajería instantánea o mensajes automáticos de voz.
4. Llamando a teléfonos de consulta automática.

Sistemas configurables en la integración de datos
1. La empresa de transporte introduce datos en la web del cliente.
2. En la web del cliente aparece un vínculo a la de la empresa transportista.
3. Se utiliza una plataforma independiente de seguimiento de pedidos.

¿Cómo minimizar costos derivados de instrucciones y direcciones erróneas?

En la distribución urbana, la empresa operadora trabaja con márgenes comerciales muy ajustados, por lo que **cualquier contratiempo puede dar lugar a una pérdida económica en la operación.** Uno de los problemas más destacable es la existencia de direcciones o instrucciones erróneas. Esto puede derivar en gestiones, almacenamiento y segundos repartos que conlleven unos sobrecostos. Sin embargo, es posible emplear algunas técnicas para minimizarlos.

Proceso

1. Solicitar la validación de la dirección cuando se realiza el pedido.

2. Disponer de una aplicación informática de validación de direcciones.

3. Indicar la dirección de entrega en la etiqueta para que la revise el personal de reparto.

4. Incluir el teléfono y la persona de contacto en la etiqueta.

5. Contactar telefónicamente para comprobar los datos y comunicar la previsión de entrega.

6. Enviar mensajes instantáneos automáticos anunciando el reparto previamente.

7. Utilizar un sistema de dispositivos luminosos *(pick to light),* que permite visualizar en una pantalla el listado de envíos y las instrucciones de entrega, para que se revisen en la cabina del vehículo antes de realizar el siguiente reparto.

8. Incluir un campo obligatorio de indicaciones para la fecha y el horario de entrega.

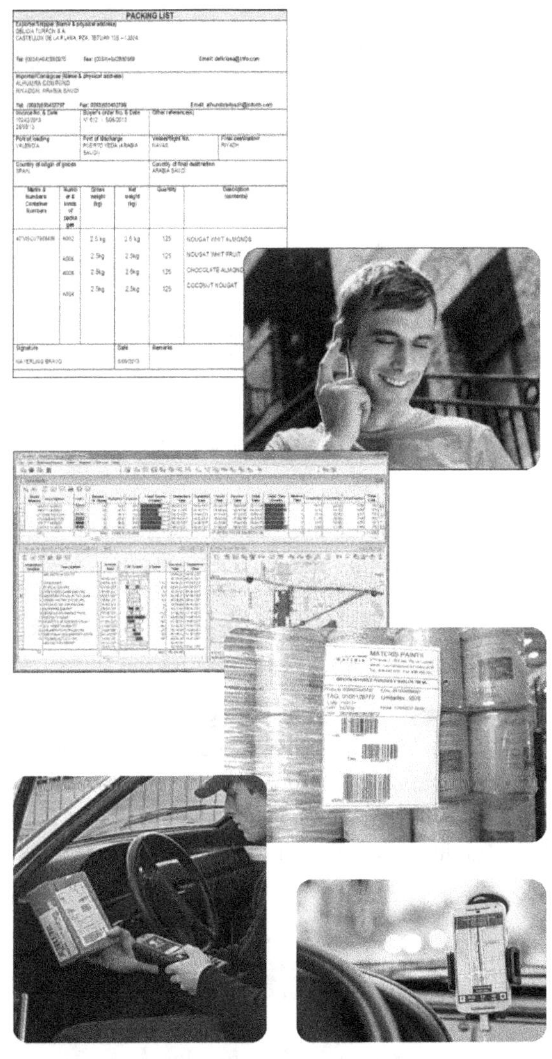

¿Cómo ahorrar costos a través del comercio electrónico colaborativo?

El comercio electrónico colaborativo es una nueva tendencia que permite a las empresas y a las personas el uso de **plataformas especializadas que agrupan las compras y las entregas,** reduciendo así los costos logísticos. Este tipo de comercio es cada vez más habitual (se aplica en servicios de vehículos compartidos, por ejemplo) **(ficha H4.7 y ss.).**

Técnicas para beneficiarse del comercio electrónico colaborativo:

- Primero hay que negociar descuentos por volumen con las compañías de transporte en los siguientes casos:

  1. Agrupación de admisiones en el tramo desde el origen hasta el destino principal.
  2. Agrupación de entregas, reduciendo el número de destinos.

- Debe visualizarse en la tienda online un apartado de descuentos por entregas colaborativas, para que los clientes puedan seleccionar las características de la entrega:

  1. Fecha y domicilio de entrega individual.
  2. Posibilidad de que se entreguen varios pedidos a diferentes destinatarios en una fecha compartida y en un domicilio personalizado.
  3. Posibilidad de que se entregue un pedido en una fecha determinada y que se recoja en un lugar común (punto de conveniencia o admisión).

 Además de aplicar estas técnicas a la tienda online propia, se pueden buscar webs de terceros en las que encajar los productos propios.

¿Cómo minimizar los costos de la logística inversa en el comercio electrónico?

Uno de los sobrecostos más significativos de la venta online se deriva de la logística inversa, es decir, cuando hay que **recuperar un pedido ya entregado.** Las causas de esta incidencia pueden ser muy diversas. A continuación se proponen algunos de los motivos y las posibles soluciones:

- El pedido es incorrecto, no corresponde con lo solicitado.
- El producto deja de funcionar dentro del periodo de garantía.
- El pedido llega dañado o en condiciones inadecuadas.

- Se entrega el producto correcto al mismo tiempo que se toma el incorrecto.
- Se valora la reparación o la destrucción.

- El cliente no está conforme con lo recibido y hay un periodo para devoluciones.
- Sobran piezas o unidades en el pedido.

- Se almacena el producto recuperado en el lugar más cercano. Se puede reprogramar la entrega a otro cliente si el producto está en buenas condiciones.
- Se valora si recuperar las piezas, solicitar su destrucción o permitir que el cliente se las quede.

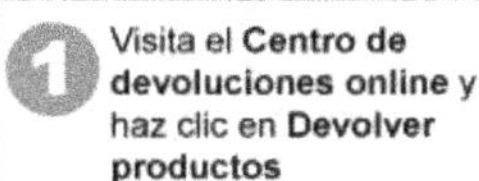

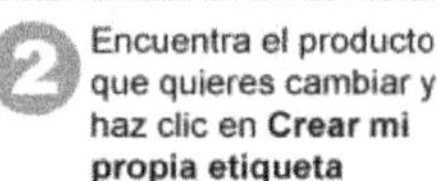

Ejemplo de instrucciones para devoluciones.

- Faltan piezas o unidades en el pedido.
- Son muestras que se han prestado temporalmente para favorecer una venta posterior.
- Se ha pactado una devolución del embalaje tras la entrega.

- Se entregan las piezas que faltan sin reponer todo el pedido.
- Se coordina la admisión y la entrega a otro cliente en la misma orden, para no devolverlo al remitente.
- Se coordina la admisión de los embalajes a partir de un volumen mínimo.

Sistemas de optimización de rutas de reparto

Las empresas de mensajería o paquetería deben optimizar las rutas de reparto de sus vehículos, integrando a su vez los distintos **objetivos para ofrecer el mejor servicio a los clientes.** Entre otros, se puede requerir:

- Garantizar la máxima fiabilidad en las entregas.
- Ofrecer el costo de reparto más bajo posible.
- Ser flexible en las fechas de entrega, ofreciendo incluso entregas en menos de una hora.
- Tener capacidad para absorber los máximos picos de demanda.

Además de respetar estos objetivos, cuando se optimicen las rutas de reparto, hay que tener en cuenta determinados parámetros, como por ejemplo:

- El tamaño y el tipo de vehículos disponibles.
- La cantidad y las características de los clientes.
- El volumen y el peso medio y máximo de los paquetes que se reparten.
- Las restricciones horarias (hora determinada por el cliente o atascos habituales).
- Las restricciones legales (tacógrafo, limitaciones de acceso a algunas zonas por el tipo de vehículo, etc.).
- La prioridad de entrega en horario comercial (antes de las 8:00 h, por ejemplo).

Para optimizar las rutas se usan modelos matemáticos, que buscan una función objetivo y usan ecuaciones y restricciones que reflejan las variables a tener en cuenta. Hay distintos modelos para hacer estos cálculos:

- **Modelos exactos o lineales.** Las variables son constantes, reales y previsibles. Por ejemplo: costo combustible = km × 0,9 $/km.
- **Modelos heurísticos.** Utilizan algoritmos para solucionar problemas determinados. Hay muchos tipos: constructivos, de reducción, de búsqueda local, inductivos, etc.
- **Modelos metaheurísticos.** Emplean estrategias para resolver una gran variedad de problemas para los que no se pueden aplicar algoritmos fiables.
- **Modelos híbridos.** Combinan distintos modelos.

¿Cómo solucionar el problema del agente viajero con el método del vecino más cercano?

El problema del agente viajero, también conocido por sus siglas en inglés TSP *(travelling salesman problem),* consiste en planificar un recorrido que conecte una serie de nodos por los que ha de pasar un vehículo una única vez y volver al punto de origen. Esta técnica para optimizar la ruta también puede utilizarse para calcular el menor costo o tiempo posible.

Existen multitud de algoritmos para calcular la ruta. Un ejemplo es el método del vecino más cercano, que consiste en **buscar siempre la distancia más corta desde un punto hasta el siguiente.**

Ejemplo

Una floristería A tiene que repartir a tres tiendas y quiere saber cuál es la distancia de recorrido mínima posible si sale del punto A, pasa por todas las tiendas y regresa al punto inicial.

A este problema se le pueden añadir otras variables como costo, tiempo, etc.

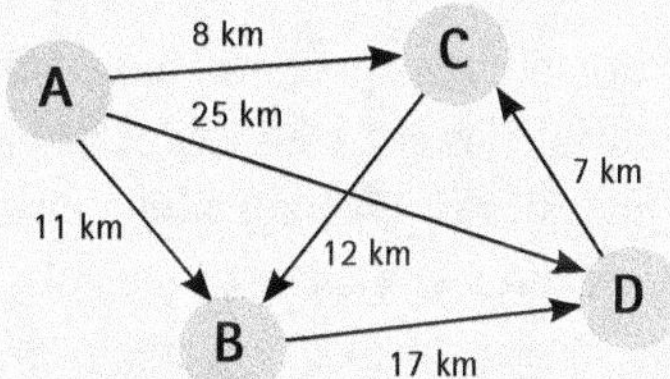

	A	B	C	D
A	0	11	8	25
B	11	0	12	17
C	8	12	0	7
D	25	17	7	0

1. Se escoge el punto más cercano al de origen. En este caso es el punto C, con una distancia de 8 km. Es decir, el primer recorrido sería A-C.

	A	B	C	D
A	0	11	8	25
B	11	0	12	17
C	8	12	0	7
D	25	17	7	0

2. Una vez en C, se calcula la distancia hasta los puntos que aún no se han visitado, y se escoge el más cercano. En este caso, la mejor opción sería dirigirse a D, recorriendo 7 km. El recorrido sería A-C-D.

	A	B	C	D
A	0	11	8	25
B	11	0	12	17
C	8	12	0	7
D	25	17	7	0

3. Se repite el proceso desde el punto D. El punto más cercano es el B, con una distancia de 17 km. Finalmente, se regresa al punto A, recorriendo 11 km. El recorrido más corto sería A-C-D-B-A, con una distancia total recorrida de 43 km.

Existen aplicaciones para trazar estas rutas, como el programa gratuito WinQSB 2.0.

¿Cómo solucionar el problema del agente viajero con el método de la fuerza bruta?

Este método para calcular la ruta óptima prescinde de algoritmos y fórmulas concretas de cálculo. Presenta las **combinaciones posibles y suma los resultados,** lo que permite elegir la opción más conveniente.

Ejemplo

Para comprobar la diferencia con el método del vecino más cercano y poder comparar las dos soluciones, se utilizará el ejemplo de la floristería A **(ficha H6.16).**

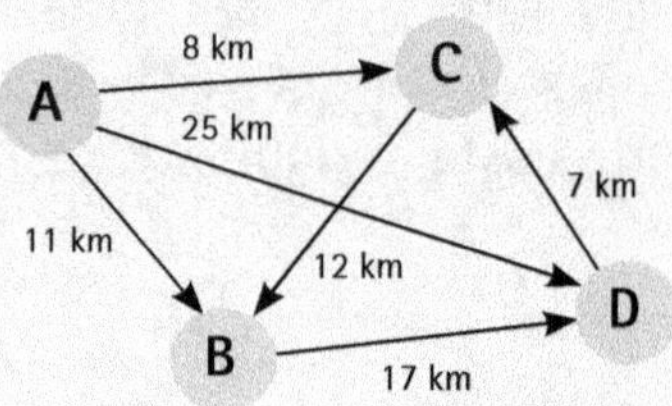

1. Primero hay que plasmar las diferentes distancias entre los nodos de la ruta, como se muestra en la imagen (distancia entre A y B, entre A y C, etc.).

	A	B	C	D
A	0	11	8	25
B	11	0	12	17
C	8	12	0	7
D	25	17	7	0

2. Después se exponen las posibles combinaciones de rutas y se calcula la distancia resultante:

- A–C–D–B–A = 8 + 7 + 17 + 11 = 43 km
- A–C–B–D–A = 8 + 12 +17 + 25 = 62 km
- A–D–C–B–A = 25 + 7 + 12 + 11 = 55 km
- A–D–B–C–A = 25 + 17 + 12 + 8 = 62 km
- A–B–D–C–A = 11 + 17 + 7 + 8 = 43 km
- A–B–C–D–A = 11 + 12 + 7 + 25 = 55 km

3. Finalmente se eligen las rutas más breves. En este caso, las mejores opciones serían:

- A–C–D–B–A = 43 km
- A–B–C–D–A = 43 km

Este sistema se aplica normalmente para rutas con menos de 20 puntos a recorrer, ya que con más nodos el número de combinaciones sería muy elevado.

¿Cómo solucionar el problema de la mochila con el método de ramificación y poda?

También conocido por las siglas KP *(knapsack problem)*, es un problema de **optimización combinatoria,** que forma parte de una lista de problemas computacionales ideada por el informático teórico Richard Karp en 1972.

El dilema consiste en meter en una mochila una serie de ítems de diferentes pesos y valores, de tal manera que se obtenga el mayor beneficio posible y no se exceda el peso o volumen máximo que soporta la mochila. Por lo tanto, hay que buscar la combinatoria óptima.

En logística, se aplica a la pregunta de cómo obtener el mayor rendimiento económico en cada ruta de reparto.

Ejemplo

Existen diversos algoritmos para solucionar el problema. Uno de los más efectivos es el método de ramificación y poda, conocido así por su representación gráfica. Este método presenta las posibles combinaciones como un árbol de soluciones, que se elabora informáticamente a través de funciones, variables y restricciones.

Para ver su aplicación, se partirá del ejemplo de la floristería A **(ficha H6.16),** representado en el esquema.

Este método de algoritmos detecta **en qué ramificación las soluciones dadas no son óptimas, para realizar una «poda»** de esa rama. El objetivo es dejar de malgastar recursos en aquellas combinaciones que se alejan de la solución óptima.

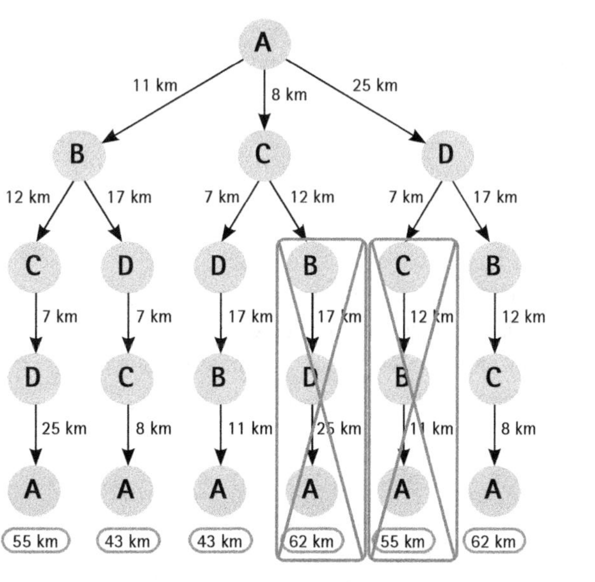

¿Cómo optimizar la ruta con los modelos PRV?

El problema de rutas de vehículos o PRV *(vehicle routing problem o VRP)* es un modelo de diseño de rutas para que una flota de transporte pueda dar servicio a sus clientes. Además de la ruta de reparto, se debe considerar una serie de **variables y restricciones, así como unos objetivos de optimización.**

Aplicación

El modelo presenta diversas variantes según las variables de la ruta:

- Con ventanas horarias de entrega **(VRPTW).** Cada cliente debe ser atendido dentro de una ventana horaria concreta.
- Con ventanas horarias en caso de incumplimiento de entrega **(VRPSTW).**
- Con destinos móviles **(VRPMD).** Hay múltiples almacenes desde los que pueden servirse los pedidos.
- PRV periódico. Cuando existen fechas de entrega fijas.
- PRV estocástico. Sometido a los imprevistos del azar.
- PRV abierto. Cuando el vehículo no tiene que regresar al almacén de origen, pudiendo usar otros.
- Con toma y entrega al mismo tiempo **(VRPPD).**
- Cuando existen flotas heterogéneas de vehículos **(VRPHE).**
- Cuando la capacidad es limitada **(CVRP).**

Proceso

El proceso general de trabajo con un modelo PRV se realiza a través de la investigación operativa, cuyos pasos son los siguientes:

1. Definir el problema.
2. Elegir el modelo de optimización que se aplicará.
3. Analizar y decidir la solución óptima.
4. Realizar pruebas reales para validar la solución o corregirla.
5. Implementar la solución elegida.

Estos cálculos son complejos, por lo que se realizan a través de distintos programas informáticos. Un ejemplo es la aplicación Rutas, que permite realizar cálculos CVRP.

AURUM

La e-logística

¿Cómo solucionar el problema del cartero chino?

También conocido por las siglas CPP, es un problema de optimización de rutas formulado por el matemático chino Kwan Mei-ko en 1962. Consiste en **encontrar el camino más corto pasando por cada arista de un grafo** (representación gráfica de un recorrido) y volviendo al punto de partida. Existen diversas soluciones y variantes:

- **En un grafo dirigido (DCPP).** La conexión entre los nodos no es bidireccional.
- **En un grafo mixto (MCPP).** Algunas de las aristas podrían estar direccionadas.
- **Con viento (WPP).** No es igual de costoso recorrer las aristas en una dirección que en otra (debido a la inclinación de la carretera, el tráfico, etc.).
- **El cartero rural (RPP).** Encontrar el ciclo más barato para recorrer un subconjunto de aristas.

Ejemplo

Un ejemplo de solución posible al problema del cartero chino:

1. Se marcan las esquinas de cada punto y se conectan, representando así el recorrido en forma de grafo.
2. Se determinan las distancias entre cada punto.
3. Se analiza cómo se conectan los puntos, para determinar si hay un número par o impar de conexiones.
4. Se calcula la distancia entre los que tienen un número de conexiones impar.
5. Se calculan los arcos ficticios.
6. Para obtener la solución se parte del punto A, se pasa por todos los nodos con conexiones pares, teniendo en cuenta los arcos ficticios, y sin repetir el recorrido.

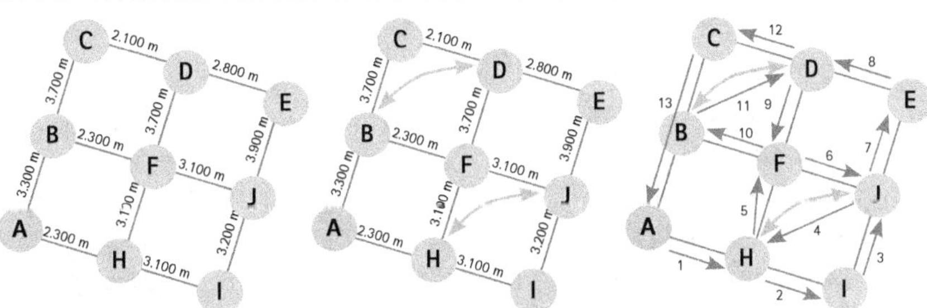

Nodo	Distancia (en m)
B-D	5.800
B-J	5.400
B-H	5.500
D-J	6.700
D-H	6.900
J-H	5.900

Arco ficticio	Distancia (en m)
B-J	5.400
D-H	6.900
Total	12.300

AURUM

La carta de porte electrónica

La carta de porte es el documento que debe emitirse al realizar un envío y que **prueba la existencia de un contrato de transporte** entre la empresa cargadora y la transportista.

En el comercio electrónico también se emiten cartas de porte y, dado que es una actividad empresarial que opera a través de webs o de aplicaciones para dispositivos móviles, estas también pueden hacerse de forma electrónica.

La carta de porte electrónica es un documento emitido mediante comunicación electrónica por una empresa transportista, una expedidora o alguien que actúa en nombre de una de ellas. Incluye las indicaciones digitales relativas a la comunicación electrónica en forma de datos adjuntos.

Para emitirla, **es necesaria una plataforma digital y descargarse una aplicación.** Expedidora y transportista deben de estar suscritas (si son diferentes).

El proceso de emisión de la carta de porte electrónica suele ser así:

1. La empresa expedidora emite una carta de porte (en mensajería suele combinarse con la nota de entrega) y la imprime y guarda en documento pdf.

2. Sube el documento a una plataforma web especializada.

3. La empresa expedidora muestra a la transportista la pantalla del teléfono o dispositivo con internet en el que, a través de una aplicación, este puede leer un código QR.

4. La transportista escanea o lee ese código QR y, a partir de ese momento, la carta de porte ya está disponible para todas las partes implicadas (expedidora, transportista, cliente, etc.).

Entre otras ventajas, la carta de porte electrónica presenta las siguientes:

- Comunicación inmediata del momento de la carga, así como de su contenido.
- Ahorro en papel.
- Seguridad jurídica.
- Disponer de la comunicación inmediata del momento de la carga en el vehículo de transporte, así como de su contenido.
- Obtener mayor seguridad jurídica.

AURUM

Los seguros en el transporte del comercio electrónico

En los envíos del comercio electrónico hay que contratar seguros de transporte, como en el comercio tradicional. Existen tres tipos principales de seguros:

- **Seguro obligatorio.** Exigido por la normativa legal. La empresa transportista no cobra nada por este concepto asegurador y, en caso de indemnización, esta es limitada (suele fijarse por kilo de peso transportado).

- **Seguro opcional.** Se suele cobrar el 8 % del valor del coste del envío, con un mínimo, que varía según la empresa de transporte.

- **Seguro a todo riesgo.** Se cobra una comisión que acostumbra a oscilar entre el 1 y 2 % del valor que se va a asegurar. En caso de indemnización, es la del valor asegurado.

En cuanto a la contratación por parte de la empresa que gestiona las tiendas online, los seguros pueden hacerse:

- Envío a envío.

- Mediante una póliza flotante por la que se paga un importe fijo al año, que cubre todas las operaciones dentro de ese periodo.

Al realizar un envío es importante que los clientes tengan acceso a las coberturas del seguro que pueden contratar.

Por ello, además de una **casilla de aceptación tácita,** es recomendable mostrar de forma bien visible el enlace a la página web o al documento en el que se informa de dichas coberturas.

La solicitud de ofertas o cotizaciones

También conocida por sus siglas en inglés RFQ *(request for quotation)*, una solicitud de precio o cotización es un **proceso estandarizado para que distintos proveedores puedan comunicar el precio** al que estarían dispuestos a suministrar un producto o servicio concreto, en este caso, un servicio de transporte o logístico.

Para ello, el modelo de petición de oferta debe cumplir los siguientes pasos y en un formato estándar:

1. Datos de la empresa solicitante.
2. Describir con un título el servicio del que se solicita precio.
3. Redactar una breve presentación del objeto de la solicitud de cotización, incluyendo los objetivos que se persiguen y las características de la oferta a cotizar.
4. Establecer las informaciones sobre el volumen y las características del servicio demandado.
5. Establecer los requerimientos del servicio a prestar (equipos, horarios, plazos, etc.).
6. Establecer las garantías o los seguros que deban aplicarse.
7. Indicar toda la información del servicio en la plantilla para la cotización, junto con un apartado de observaciones y comentarios.
8. Colocar unas plantillas para registrar los datos del proveedor.

RFQ		SOLICITUD DE COTIZACIÓN	
1.DATOS DE LA EMPRESA			
NOMBRE	COBALSA	DIRECCIÓN	POL. IND ALBATROS, CALLE MUELLE 11, 03012 ALBATERA, ALICANTE
TELÉFONO	965 347 567	CORREO ELECTRÓNICO	transporte@cobalsa.com
PERSONA DE CONTACTO	ANGLE RODODENDRO	CARGO	OPERADOR DE TRANSPORTE
FECHA LANZAMIENTO RFQ	20/12/2018	FECHA MÁXIMA RECEPCIÓN	09/01/2019
2. DESCRIPCIÓN DEL SERVICIO SOLICITADO			
PORTES DE CARGA COMPLETA ENTRE ALBATERA Y MADRID 2019			
3.PRESENTACIÓN			
SE TRATA DE UN SERVICIO DE CARGA COMPLETA (24 TN) DE PALETS DE PIEZAS DE REPUESTO) QUE HAN DE SUMINISTRARSE SEMANALMENTE Y DE FORMA REGULAR ENTRE ALBATERA Y MADRID.			
EL PROPÓSITO DE ESTA RFQ ES FIJAR LA EMPRESA QUE SE HAGA CARGO DE ESTE SERVICIO ENTRE ENERO Y DICIEMBRE DE 2019			
4. VOLUMENES E INFORMACIÓN VARIA			
SE CALCULA QUE EL TOTAL DE VIAJES REQUERIDOS SERÁN DE 8 MENSUALES X 11 MESES = 88 VIAJES			

Véase el modelo completo en el anexo 2

Criterios para homologar a proveedores logísticos

Homologar a las empresas proveedoras para poder solicitar cotización es imprescindible si se quiere garantizar un buen servicio. Cuando se precisa un servicio logístico, como puede ser un almacenaje o la realización de un transporte, es importante que previamente al lanzamiento de una petición de oferta o demanda de cotización puntual se haya comprobado **si la empresa proveedora se ajusta a los criterios de servicio requeridos.**

Para ello, se pueden utilizar distintos cálculos de evaluación, en función de las necesidades. En general suelen medirse aspectos tales como:

> Condiciones de pago, rapidez, localización, variedad de servicios, flexibilidad, capacidad de respuesta, atención personal, calidad, margen de crecimiento, interconexión informática, emisión de informes, seguridad, política medioambiental, responsabilidad social corporativa, entre otros.

	SEUR	FedEx	MRW
Coste			
Condición de pago			
Rapidez			
Localización / Destinos			
Variedad de servicios			
Flexibilidad / Cap. Respuesta			
Atención personal			
Calidad / errores			
Margen de crecimiento			
Interconexión informática			
Emisión informes			
Seguridad y Medio Ambiente			

Establecer unos criterios de valoración comunes para homologar a las empresas proveedoras permite, además, hacer análisis comparativos que ayuden a seleccionar la mejor oferta, no solo cuantitativa sino también cualitativa.

AURUM

¿Por qué prever un plan de contingencias?

En el día a día de un comercio electrónico, pueden producirse todo tipo de **situaciones imprevistas** tales como:

- Un **ataque informático** que provoque una caída del sistema, lo que impedirá visualizar el estado de los envíos o realizar su gestión.

- Problemas de algún **proveedor logístico** que imposibiliten entregar en el plazo anunciado.

- **Días punta** que producen una saturación en los distintos departamentos por falta de recursos o de previsión.

- **Fluctuaciones** importantes en el valor de las monedas o del combustible.

Ante estas situaciones, es importante tener prevista con antelación una serie de acciones, registradas en el denominado plan de contingencias, y que deberían definir:

- Cómo actuar frente a estas y otras situaciones, de un modo alternativo, hasta que se restablezca la «normalidad».

- Qué recursos adicionales se precisan para abordar este tipo de situaciones y cómo conseguirlos, generalmente, en un tiempo reducido.

- Desde un punto de vista administrativo, hay que definir qué procesos se van a realizar y qué garantías van a crearse para evitar problemas posteriores.

Uno de los mayores problemas a los que puede enfrentarse una tienda online es el ataque de un virus informático, que podría implicar graves consecuencias (pérdida de datos y mal funcionamiento de la tienda online, datos comprometidos, ser eliminado de los resultados de los buscadores, y perder la confianza de la clientela).

Estos casos deben estar previstos para garantizar el cumplimiento de los envíos ya en curso.

AURUM

La logística de los servicios *premium*

Un servicio *premium* es aquel que **aporta un plus,** bien sea en productos o en el plazo de entrega, las condiciones de envío u otros factores logísticos que requieren una negociación particular o el **desarrollo de una estrategia especial.**

Estrategia

Para conseguir desarrollar una línea de servicios *premium* se precisa:

- Establecer un conjunto de localidades concretas en las que poder realizar entregas rápidas.

- Diseñar con uno o varios operadores logísticos cuáles van a ser los almacenes de distribución rápida, junto con una adecuada política de existencias y de previsión de la demanda.

- Fijar con las empresas de transporte la estrategia de servicio para poder responder en muy poco tiempo a un requerimiento de entrega.

- Analizar muy bien los costos de estos servicios y tratar de llegar a un importe fijo que pueda repercutirse al cliente, sin depender de tarifas variables por parte de la empresa transportista.

- Definir los servicios *premium* adicionales al transporte y valorar los recursos humanos y materiales que hacen falta para abordar este tipo de servicios.

- En caso de ser una empresa productora, se debe estudiar qué opciones existen para ser flexibles y ágiles en la producción y la cadena de suministro, a fin de reponer ágilmente las existencias.

La estiba de productos en el comercio electrónico

En la venta electrónica se tienen que gestionar entregas que van desde productos de pequeño tamaño, como un chupete, hasta contenedores o camiones de grandes dimensiones, por ejemplo en el mercado B2B (de empresa a empresa).

Esta diversidad hace que, para **garantizar la integridad de las mercancías,** sea cual sea el modo en que se realiza la carga o el transporte, existan **normas técnicas de estiba y trincaje** muy diversas. Las principales y más utilizadas son:

- Europa: EN 12195-1:2010 (de obligatoria aplicación en la CE) y VDI 2700 en Alemania.
- Australia: *Load Restraint Guide.*
- Contenedores marítimos: Código CTU 2017 IMO/ILO/UNECE.
- Norteamérica: *Drivers Handbook.*

La mayoría de los envíos de comercio electrónico son pequeños y se distribuyen a través de furgonetas o pequeños camiones. En este caso, la estiba debería realizarse con redes de estiba o bloqueos homologados para el peso transportado. En el caso de camiones, suelen aplicarse cintas de amarre, cables o cadenas. Mientras que para contenedores suele usarse madera, cintas de un uso o bolsas de estiba.*

Información

Las normas técnicas presentan distintas técnicas de estiba, las fórmulas para el cálculo del número de amarres, bloqueos, etc., y sus características.

En términos generales, es recomendable establecer con las empresas proveedoras de transporte las pautas (fichas de estiba, procedimientos, términos de transporte) que deben aplicarse en concepto de estiba de la carga. Igualmente deben fijarse las responsabilidades de las partes en lo relativo a operaciones de carga, y fijación de la carga y descarga.

*Véase la ficha G4 en *Técnicas para ahorrar costos logísticos. Aurum 2,* Luis Carlos Hernández Barrueco, Marge Books, 2017, Barcelona.

La impresión 3D en el comercio electrónico

Una impresora 3D es un dispositivo que permite **crear productos tridimensionales** a partir de un diseño elaborado por computadora. Estas impresoras están conectadas a internet y, a través de la red, se pueden utilizar desde cualquier lugar del mundo. Gracias a ello, son una alternativa a la distribución o comercialización de determinados productos, pudiéndose contratar un diseño tridimensional y ordenar su «fabricación» en un servicio de impresión 3D cercano al punto de entrega.

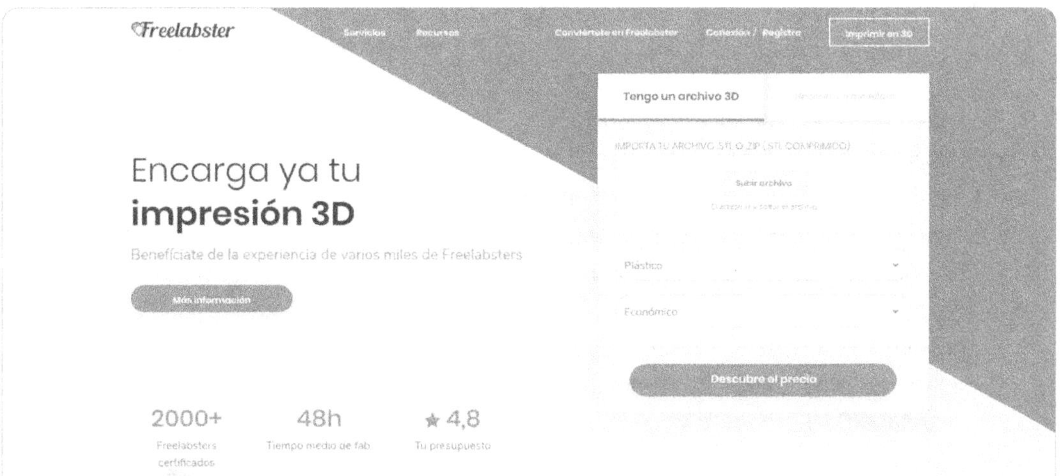

Servicios

Son muchos los elementos susceptibles de imprimirse en 3D que están a la venta en las tiendas online. La alternativa a tener que producir y almacenar multitud de existencias es buscar servicios de impresión 3D en un lugar cercano al comprador. Esta dinámica incluye la **posibilidad de que el propio cliente pase a retirar el producto.**

Según de qué objeto se trate, color, volumen, etc., se elige el tipo de impresión. Las principales técnicas de impresión 3D son:

- Impresión por estercolitografía (SLA).
- Impresión por sinterización selectiva por láser o SLS *(selective laser sintering)*.
- Impresión por modelado por deposición fundida (MDF).
- Impresión por inyección (la única que permite la impresión de prototipos a color).

Los avances en I+D en el campo de la fabricación aditiva o impresión 3D ofrecen un amplio abanico de opciones para el comercio electrónico.

¿Qué es el sistema de gestión de almacén y cómo se aplica?

También conocido por sus siglas SGA, es un **programa informático especializado para la gestión de almacenes** o plataformas logísticas. En general, se trata de complementos (programas periféricos) de los **sistemas de planificación de recursos empresariales** o ERP (siglas de *enterprise resource planning)*, que son los programas integrales que utilizan las empresas para su gestión.

Los sistemas de gestión de almacén complementan los ERP con opciones de interconexión con dispositivos como las computadoras de bolsillo o las agendas digitales (tipo PDA), o con sistemas para almacenes automatizados que disponen de su propio *software*. Entre las principales funciones de los SGA se encuentran las siguientes:

- Gestión de existencias.
- Cálculo de diferentes tipos de existencias (seguridad, rotación, maniobra, etc.).
- Cálculo de rutas óptimas de preparación de pedidos o movimientos internos.
- Conexión con elementos periféricos como PDA, almacenes automáticos, vehículos de almacén, etc.
- Emisión de información a través de interfaces como pantallas, auriculares, etc.
- Gestión automatizada de los movimientos de los almacenes automáticos.
- Trazabilidad del producto y recursos de almacén.

En las tiendas online es necesario contar con un ERP avanzado que permita estas funciones, o con uno o varios SGA que faciliten las tareas de control total del almacén o los almacenes existentes. En este sentido cabe prever algunas de estas tres posibilidades:

1. La tienda pertenece a una empresa que tiene sus propios almacenes.
2. La tienda trabaja con almacenes de terceros (triangulación de envíos).
3. La tienda dispone de almacenes externalizados.

En estos casos, la tienda online debería, respectivamente, hacer lo siguiente:

1. Definir un SGA que permita la conexión con el almacén que suministra a la tienda online, a fin de poder gestionar todos los pedidos del comercio electrónico.
2. Conectar la tienda online con los SGA de terceros para poder remitir pedidos y tener un control sobre las existencias o la trazabilidad del envío del producto.
3. Definir un SGA con los operadores de los almacenes externalizados a fin de poder operar con los pedidos, el control de existencias o realizar un simple seguimiento de los envíos.

¿Qué es la trazabilidad en el comercio electrónico?

Según el sistema de gestión de la calidad establecido por la Organización Internacional de Normalización (ISO), la trazabilidad se define como:

«La propiedad del resultado de una medida o del valor de un estándar donde este pueda estar relacionado con referencias especificadas, usualmente estándares nacionales o internacionales, a través de una cadena continua de comparaciones todas con incertidumbres especificadas» (ISO 9001:2008).

Aplicada al ámbito del comercio electrónico, la trazabilidad es un conjunto de herramientas, procedimientos o tecnologías que **permite conocer el origen, la trayectoria y la ubicación de un producto,** así como otras informaciones de interés sucedidas a lo largo de su ciclo de vida.

Información

Asegurar un sistema de trazabilidad en el comercio electrónico permite:

- Monitorear la situación de un pedido o producto en todo momento.
- En caso de reclamación, puede consultarse el proceso que se ha seguido para ver qué ha sucedido y dar una respuesta oportuna.
- Generar estadísticas y cálculos, como los patrones de optimización para el sistema de gestión de almacén (SGA) o para sistemas de inteligencia artificial.

La puesta en marcha de un sistema de trazabilidad requiere definir e implementar, ya sea de manera interna o externa, los siguientes elementos:

- Dispositivos y tecnologías que permitirán la identificación y el seguimiento.
- Programas informáticos que gestionan la trazabilidad y sus bases de datos.
- Gestores del sistema.
- Empresas externas u organismos que certifican el sistema.

La atención al cliente en el área logística del comercio electrónico

En el comercio electrónico, **la logística es un factor clave de la satisfacción del cliente.** La entrega en el plazo pactado y sin daños es algo de vital importancia y puede marcar la diferencia entre repetir una compra o no en una determinada tienda online.

La alta competitividad de los mercados obliga a sumar a la eficiencia logística un plus de calidad, que se puede alcanzar diseñando una **adecuada política de atención al cliente.**

Algunas recomendaciones para ello son:

1. Establecer un sistema automático de información con los clientes sobre los pasos de entrega (pedido cursado / pedido preparado / pedido enviado / pedido recibido en la ciudad de entrega / pedido en reparto, etc.).

2. Definir una serie de mensajes automáticos en caso de retraso informando a quien compra acerca de la causa y de la nueva fecha prevista.

3. Definir un protocolo de coordinación de la entrega con las empresas transportistas a fin de que estas se contacten con los clientes en caso de necesidad.

4. Colocar en la web un desplegable con respuestas a las preguntas más frecuentes.

5. Disponer de un sistema de chat permanente para consultas urgentes.

6. Disponer de un correo electrónico o teléfono de contacto con el poder atender y definir una política de respuestas y de plazos de respuesta.

Tendencias en el transporte del comercio electrónico

La principal tendencia del transporte en el comercio electrónico viene marcada por **la reducción drástica de tiempos de entrega.** Esto genera importantes tensiones entre las empresas transportistas, que obligan a buscar nuevas ideas y soluciones, como los sistemas de reexpedición en plena calle (que permiten transportar y entregar sin almacenar) o promover las entregas en bicicleta o moto.

Información

Además, existen otras tendencias en distintos ámbitos:

- La aparición y progresiva implementación de **vehículos autónomos de transporte** *(driverless),* que previsiblemente pueden abaratar costos, una vez se haya realizado una regulación masiva y el desarrollo tecnológico necesario.

- El reparto mediante **drones** está en fase de experimentación. Su puesta en práctica implicaría importantes inversiones en infraestructuras y cambios normativos, pero significan un ahorro e incrementan la rapidez respecto al transporte terrestre.

- La proliferación de **consignas automáticas** en múltiples lugares públicos, como estaciones y red de metro de algunas ciudades, empieza a ser habitual como método de entrega de los pedidos online. Ya existen consignas conectadas mediante tubos neumáticos para el transporte por esta vía.

- La eliminación de vehículos contaminantes a favor de **triciclos manuales o eléctricos.**

- El desarrollo de **robots de ayuda al reparto,** capaces de operar desde un vehículo nodriza en determinadas áreas.

H7

El comercio electrónico en las redes sociales

¿Son efectivas las redes sociales para vender un producto?

Las redes sociales han revolucionado el mundo del comercio online. Con poco o bajo presupuesto en marketing y comunicación, una empresa puede lograr por este canal lanzamientos de publicidad de sus productos hacia un número de personas muy elevado y de tipología diversa.

La ventaja principal de utilizar las redes sociales como plataformas o herramientas de venta es **la rápida viralización de contenidos** –dependiendo de la red social será mayor o menor–, un fenómeno de difusión que permite llegar al público al que de cualquier otra manera no se llegaría. El efecto viral incluye que ese público comparta, a su vez, las publicaciones de productos o servicios, actuando como verdadero prescriptor.

Es muy importante ofrecer siempre contenidos actualizados y muy interesantes para atrapar y captar la atención de potenciales clientes. **Las redes sociales tienen un factor de inmediatez:** en cuestión de segundos, las personas usuarias deciden volver a entrar al sitio web, continuar navegando por él o, en cambio, no volver a la página para próximas búsquedas o compras. Por ello, es esencial que el contenido esté perfectamente adaptado a la red social utilizada.

El mensaje debe de ser coherente con el público al que se quiere llegar *(target),* basado en sus intereses y en el canal empleado. Por ejemplo, es primordial usar un lenguaje innovador, moderno y fresco en las redes utilizadas por los más jóvenes (como Tuenti o Snapchat), con mensajes dirigidos específicamente a una franja de edad determinada.

¿Cuáles son las claves para tener éxito a través de los contenidos?

- Conseguir que posean una gran calidad.
- Actualizarlos de manera permanente y sistemática.
- Que tengan un elevado interés para el público objetivo.
- Que posean un gran poder de captación.

Es muy importante también el uso de las llamadas *ads* o Adwords en las redes sociales. Con ellas se consigue que la relación no solo quede en la visualización del producto online, sino que se pueda tener comunicación electrónica o telefónica con el público objetivo.

Facebook y el comercio electrónico

Son numerosas las redes sociales especialmente útiles para **realizar acciones de marketing y videomarketing** y conseguir resultados en el comercio electrónico.

Sin duda, Facebook es una de las redes sociales más conocidas. Se trata de una poderosa herramienta para realizar la promoción de productos o servicios, ya que permite enlazar con la web o tienda online deseada, y compartir contenidos (publicaciones), fotos y videos. El videomarketing tiene mucha presencia en este tipo de comercio y puede llegar a ser muy efectivo.

Facebook, **además de la promoción, facilita la interactuación con el público.** Su sistema de difusión –basado en el número de clics a *me gusta* y a *compartir* que hace cada persona usuaria para cada publicación– permite conseguir una gran propagación con una inversión de bajo presupuesto y favorece un marketing de contenidos y una cultura del compromiso (confianza hacia la marca) eficaces.

A través de Facebook **se puede enlazar videos o presentaciones** que la tienda online haga en otras redes sociales, o compartir videos de YouTube con la herramienta específica para Facebook que este sitio web pone a disposición de manera gratuita.

Esta red social dispone de diversas utilidades en lo referente al uso de videos para promocionar productos, incentivar las ventas e incrementar la atracción hacia las tiendas online.

Cuenta con dos variantes para utilizar videos según la estrategia de marketing a seguir:

- **Videos nativos:** Consiste en compartir videos grabados desde el propio dispositivo móvil o ya guardados en él.

- **Videos en directo:** Es posible compartir videos en tiempo real. Se puede sacar mucho partido al difundir un evento, una clase magistral o una presentación de producto, por ejemplo, en directo.

Esta red social permite también la **creación de perfiles de empresa,** a través de los cuales pueden realizarse acciones comerciales como sorteos o concursos. Las páginas de empresas ofrecen muchas funcionalidades, distintas a las de los perfiles personales, que hay que conocer y saber gestionar para conseguir el máximo rendimiento y beneficios.

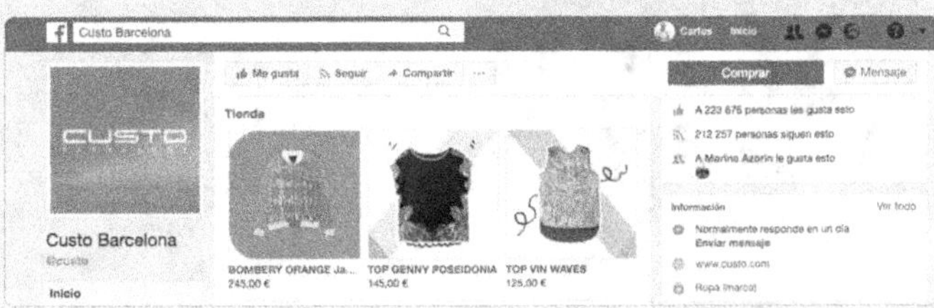

Instagram en el comercio electrónico

Instagram es un red social basada en el **impacto visual** que facilita una amplia difusión del producto y potenciar el compromiso con las personas usuarias.

Los datos recabados por analistas confirman que el uso de Instagram como herramienta en un comercio electrónico genera un grado de fidelización de más del 25 % frente a otras herramientas disponibles.

Instagram permite también la creación de videos, pero sin duda esta red social destaca por ser un cauce idóneo para **desplegar un marketing de contenidos y de compromiso.**

Asimismo, esta red social ayuda a desarrollar el denominado *storytelling* visual, una técnica basada en que las imágenes cuenten una historia por sí solas, una tendencia en auge al ser muchas las redes sociales basadas principalmente en el contenido visual.

Ejemplo

¿Quién no ha colgado alguna vez una fotografía en Starbucks?

Esa reacción que genera el usuario de compromiso y fidelidad hacia una marca, con la que se identifica e interactúa en sus redes sociales, se consigue mediante el impacto personal, la aportación de experiencias y la generación de toda una cultura del compromiso.

¿Cómo hacer una campaña visual en Snapchat?

Snapchat es una red social utilizada por un público generalmente muy joven. Si una empresa se dirige a este segmento de mercado, debe utilizar un lenguaje perfectamente adaptado a él y ofertar productos o servicios que efectivamente puedan interesar a este *target*. Si la empresa tiene como *target*, por ejemplo, chicas jóvenes y su producto consiste en prendas de vestir o complementos de bajo costo en líneas juveniles, Snapchat puede ser una buena herramienta.

En ella, para conseguir *retargeting* **(ficha H7.8)** son necesarias grandes dosis de creatividad, con mensajes frescos e innovadores. La combinación del cóctel: **video, texto y fotografía pueden generar un impacto significativo.** Snapchat surgió para responder a una necesidad de mercado que no satisfacían otras redes sociales, en las que las fotografías y el contenido compartido son permanentes a menos que se eliminen, aunque no se logra eliminar su huella si alguien las ha compartido. **Snapchat permite la publicación de contenidos que desaparecen a las 24 horas,** y los videos compartidos duran escasos diez segundos.

Esto significa que las personas usuarias están expectantes y atentas ante un contenido fugaz. Snapchat es una red en crecimiento y, utilizada adecuadamente, permite campañas publicitarias exitosas.

¿Qué es el *storytelling*?

La narración de historias o *storytelling* es una herramienta utilizada en publicidad y marketing de contenidos, que se basa en **contar historias** (de ahí su nombre) **para crear lazos emotivos** que permitan conectar más profundamente con el consumidor/cliente y desarrollar experiencias de marca.

Las técnicas de publicidad anteriores a la gran expansión de internet –y sobre todo de las redes sociales– apostaban por generar notoriedad y visibilidad de la marca. Con el *storytelling*, sabemos que **hay que provocar emociones, sentimientos y experiencias intensas en las personas.** Las técnicas de fidelización, que son el conjunto de prácticas para crear relaciones sólidas y duraderas entre empresa y consumidores, crear un ambiente agradable y que el cliente se sienta como en casa, respaldado y no intimidado, es el principal objetivo del marketing de compromiso. La narración de historias es la técnica para conseguirlo: historias que provoquen pasión, modelos de vida atractivos o nuevas formas de pensar para alcanzar una mayor fidelización hacia el producto y la marca.

Un ejemplo de éxito en *storytelling* es la campaña lanzada por Nike con el título de *«I would run to you» (Yo correría hacia ti).*

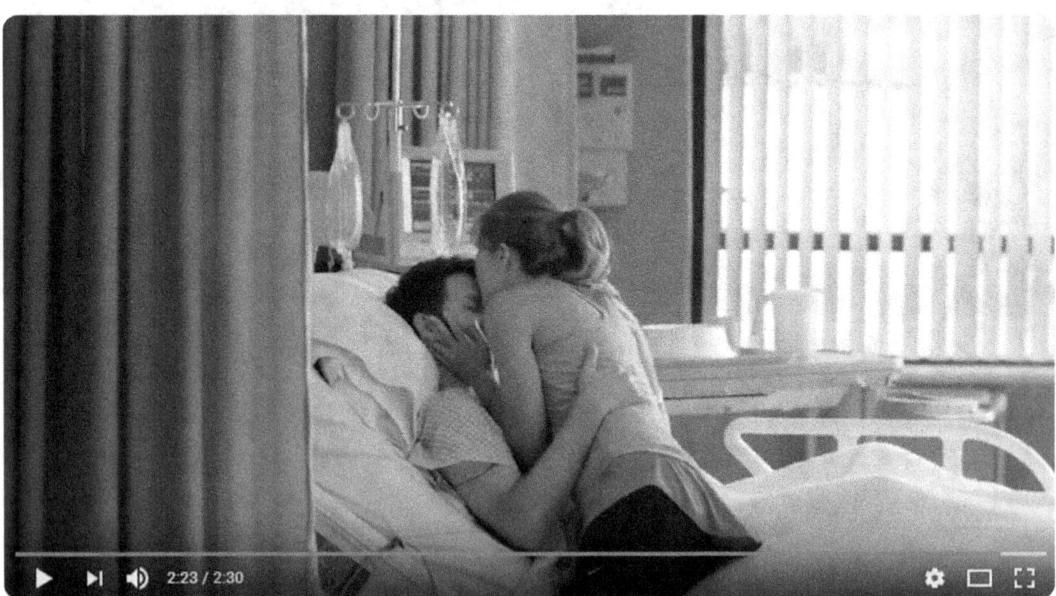

¿Qué es el marketing de compromiso?

Las empresas atraen a las personas consumidoras a través de los sentidos y las emociones para lograr relaciones leales y estables. El concepto de **«amor por una marca»** *(lovemark)* define la propia posición de la marca en este contexto. Y generar ese amor por la marca es posible usando las redes sociales y, sobre todo, utilizando el video y el *storytelling* como técnica de marketing de compromiso *(engagement).* Con ello se consigue no solo fidelización, sino que esas personas participen activamente en las campañas de marketing al publicar sus propias fotos y videos con los productos.

Ejemplo

Algunos **casos de éxito,** además de Starbucks **(ficha H7.3),** son Nike y Apple. Creadora de *«Just do it»,* esta marca de ropa deportiva es una verdadera maestra en generar *engagement.* Ha conseguido impactar en el público con una determinada necesidad (de entrenar, iniciarse en un estilo de vida saludable a través del deporte) mediante **mensajes de motivación** y de verdadera euforia. Por su parte, Apple ha conseguido conectar con un público amplio **contando visualmente historias de vida,** con problemas reales, que hacen sentir y vibrar... mantener un **vínculo de unión con la marca.** Por ejemplo, con su producto iPhone, la marca ha conseguido un *target* amplísimo y variado, gracias a un fuerte *engagement.*

En el video que puede verse en este código QR, un muchacho con sobrepeso realiza una carrera deportiva: el mensaje que se lanza es que todos podemos alcanzar nuestros objetivos, y lo mejor es comenzar esa batalla junto a Nike.

¿Qué herramientas podemos usar para realizar marketing visual? (I)

Marketing visual es toda estrategia de mercado que pretende conseguir resultados de ventas colgando fotografías o videos (a través del llamado videomarketing) en las plataformas existentes en la red. Son muchas las webs y aplicaciones útiles para hacerlo; las principales son las siguientes:

Instagram: Red social que goza de gran popularidad. Desarrollada por Facebook, permite subir fotos y videos para compartir. Una característica distintiva de la aplicación es que da una forma cuadrada a las fotografías. Al igual que otras redes sociales, un sistema de etiquetado de metadatos o *hashtags* facilita la multidifusión por temas.

YouTube: Se puede afirmar que esta red social es la líder del videomarketing. Funciona como un gran catálogo o librería de videos, que permite compartir todo tipo de videos de una marca y difundir su enlace en otras redes sociales (incluso hay un formato especial para Facebook). Hay que decir que, a pesar de su notoriedad por alojar gran parte de los videos en internet, no es el único instrumento web para hacer videomarketing.

Pinterest: Herramienta muy poderosa para promocionar productos visuales. Muy recomendable en sectores como la moda, relojería, joyería, piedra natural, etc. Funciona prácticamente como un catálogo online, y además permite incluir enlace a una web o tienda online.

Twitter: Su carácter conciso parece que hace más difícil la promoción de productos. Esta red social está especialmente diseñada para campañas y promociones breves, que busquen un efecto inmediato. Se pueden compartir tanto videos nativos como videos en directo, ya que la aplicación **Periscope** (desarrollada por Twitter) permite la retransmisión en tiempo real *(streaming).* La opción de retuitear por parte del usuario facilita la viralización y el lanzamiento de campañas, conectar con potenciales clientes, etc., con apenas presupuesto o inversión en gastos publicitarios.

AURUM

¿Qué herramientas podemos usar para realizar marketing visual? (II)

Facebook: Esta plataforma social ha dado el máximo protagonismo a los videos. Facebook Live es la función específica de la aplicación para transmitirlos en directo. Cuando se inicia la transmisión, se envía automáticamente una alerta a los perfiles compartidos y se van mostrando las notificaciones y comentarios, así como cuántas personas están viendo el video en tiempo real. Muy útil para eventos y presentaciones de empresa, seminarios y congresos, y en el ámbito de la docencia. Además, sigue disponible la opción de publicar videos nativos, dirigidos al *target* elegido, con la particularidad de que se reproducen automáticamente en el perfil del usuario (siempre que este no tenga desactivada esa opción).

Vimeo: Red social basada en videos, que permite compartirlos de una forma más corporativa. Con esta valiosa herramienta, una empresa puede compartir sus historias visuales con la mayor calidad de imagen posible, una de las características de esta plataforma digital. Además, ofrece Vimeo Business que, previo abono de una cuota anual, aumenta las funcionalidades relacionadas con la promoción empresarial online, incluyendo herramientas de marketing y de analítica web muy útiles.

El lenguaje en la publicidad por redes sociales

En el comercio electrónico por redes sociales, un lenguaje sencillo y directo puede ser suficiente para atraer la atención hacia una marca o producto.

En el mundo de la publicidad –y las campañas en redes sociales no son una excepción– abundan términos especializados, anglicismos y conceptos de uso común con los que conviene estar familiarizado. Los más empleados son:

Target: Este concepto hace referencia al objetivo, la diana…, es decir, el público destinatario de una campaña desde un punto de vista comercial. Por tanto, es imprescindible definir muy bien a qué tipo de personas se van a dirigir las acciones comerciales online, qué necesidades tiene ese mercado objetivo, qué redes sociales utiliza y con qué finalidades, etc.

Targeting: Es el envío de comunicaciones electrónicas a determinados segmentos (grupos de interés), según su comportamiento, necesidades, localización y variables necesarias.

Retargeting: Se trata de un conjunto de técnicas para impactar a las personas que visitan una tienda online, o tras lanzar una oferta en redes sociales, para que la visiten de nuevo. También es útil para mantener una comunicación más allá de la venta electrónica, captando su atención para enviar comunicaciones, ofertas, promociones, o incluso conseguir que, en caso de existir, se visite la tienda física.

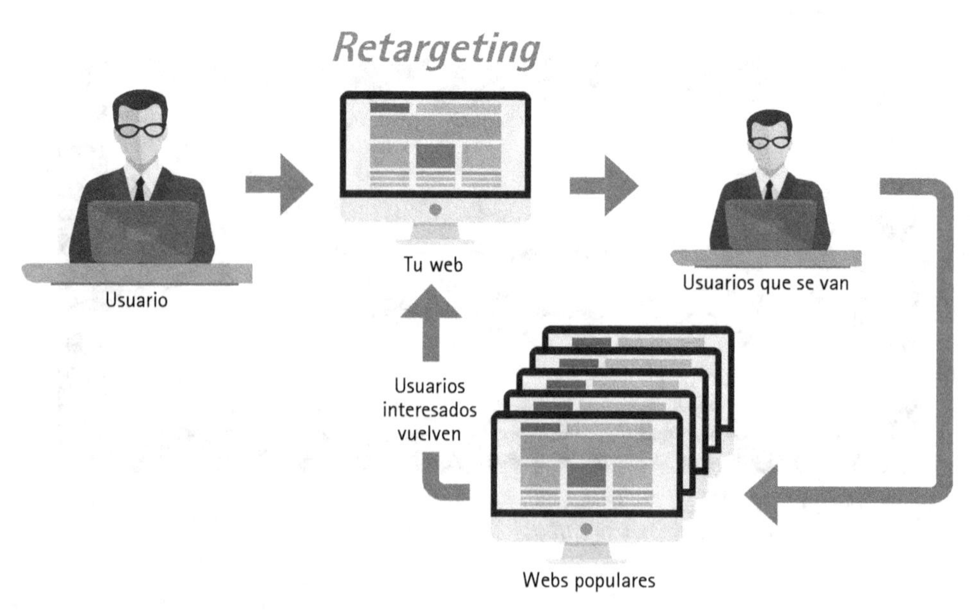

¿Cómo hacer una campaña corporativa online? (I)

Internet permite, en paralelo a la difusión comercial de productos o servicios para su venta online, **crear contenidos corporativos,** debates de interés e historias visuales de una empresa o tienda online. Es decir, mostrar «la empresa por dentro».

Para la realización de campañas publicitarias o divulgación de informaciones corporativas que den a conocer la cultura, la innovación o los avances de una empresa, se cuenta con herramientas electrónicas como las siguientes:

Vimeo: Es una red social muy **enfocada a la promoción empresarial (ficha H7.7).** Es la opción alternativa más similar a YouTube, aunque está más enfocada a lanzar la imagen corporativa de las empresas.

Así, por ejemplo, si se quiere dar a conocer cómo son los empleados o cómo se realiza una acción determinada, Vimeo es una red adecuada.

SlideShare: Se trata de una herramienta muy utilizada para **compartir materiales y presentaciones,** especialmente indicada para fomentar la cultura corporativa entre especialistas de un mismo sector.

En muchas ocasiones, cuando es necesario realizar una consulta sobre un tema específico, fácilmente se encuentran contenidos de SlideShare con referencias de personas a las que se puede contactar.

Esta puede ser también una herramienta para la contratación de servicios, puesto que se utiliza ampliamente en el sector de servicios técnicos, jurídicos y de consultoría.

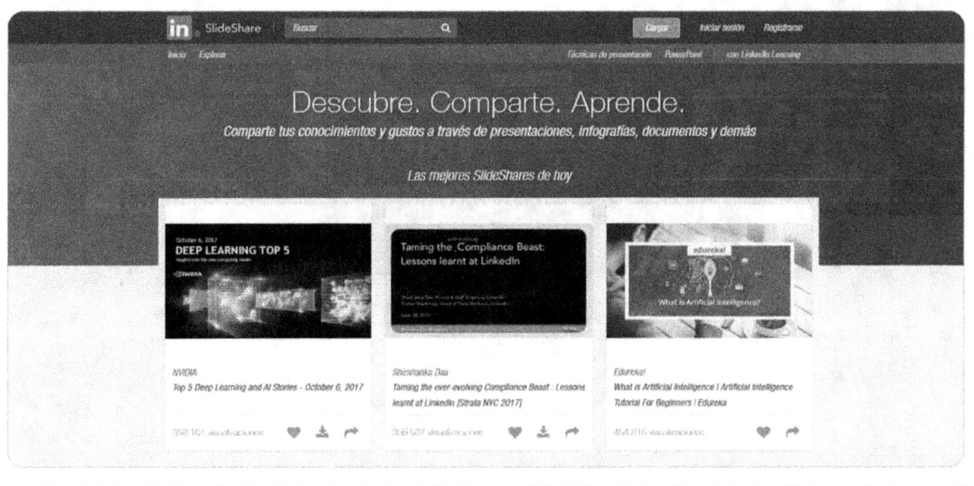

¿Cómo hacer una campaña corporativa online? (II)

Otras herramientas electrónicas para la realización de campañas corporativas son:

Google+: Servicio de red social operado por Google que ofrece la posibilidad de generar contenido a través de páginas especialmente diseñadas para empresas. Esta es una opción que también han lanzado otras redes sociales, como por ejemplo Facebook con sus páginas profesionales.

Son un buen elemento para dirigirse al público objetivo seleccionado o para destacarse en un determinado nicho de mercado.

LinkedIn: La red social profesional más conocida. Si se desea hacer publicidad de una empresa de forma más corporativa, LinkedIn es un gran aliado. Esta comunidad permite conocer y reclutar personas por medio de la visualización del currículo y la experiencia profesional que han decidido mostrar, así como crear grupos por sectores y ámbitos, y generar debates y corrientes a las que pueden unirse profesionales interesados en el tema propuesto. Para contactar con cualquier profesional, se requiere la autorización previa de las personas registradas, lo que fomenta su confianza como usuarias del servicio. Con la red de contactos se pueden crear grupos para compartir materiales fotográficos, videos o enlaces a otras webs.

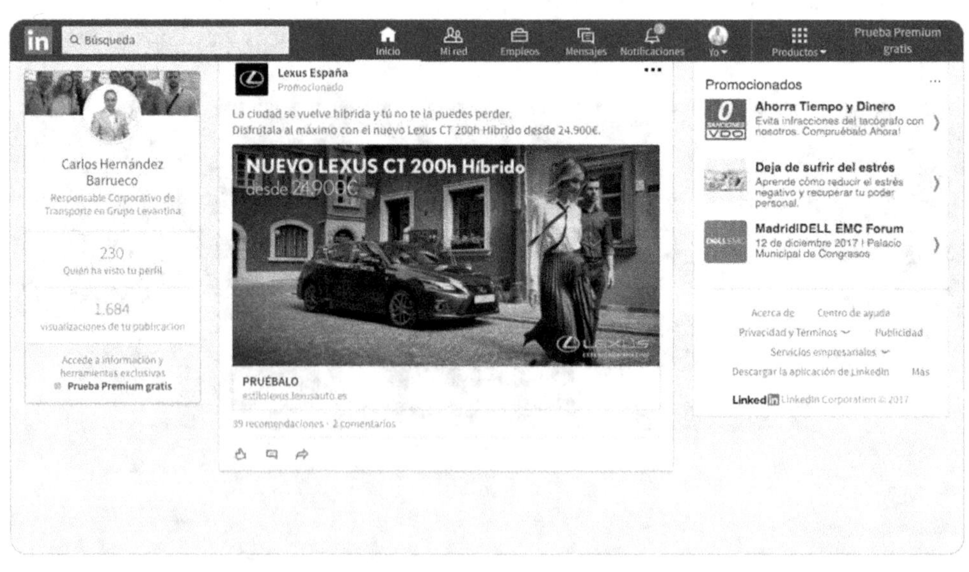

¿Qué otras herramientas usar en videomarketing?

El videomarketing es muy útil por su papel de **instrumento viralizador** de contenidos y porque produce un mayor interés e impacto en el público objetivo o *target*. Si optamos por él para el lanzamiento de una campaña o para que nuestros productos sean más que conocidos, además de las herramientas más populares para campañas visuales (videos y fotos, analizadas en las **fichas H7.**7**)**, hay herramientas específicamente pensadas para realizar videomarketing:

Vine: La antigua red social Vine es hoy día la aplicación **Vine Camera.** Cuenta con funciones de grabación y edición de videos cortos de una duración máxima de seis segundos en forma de bucle *(loop)* y permite crear videos sonoros fáciles y simples de reproducción automática.

Videolean: Se trata también de una aplicación o herramienta, no de una red social, que permite compartir los videos generados en nuestras redes sociales o compartirlos con las personas que deseemos.

Esta aplicación permite crear videos de nuestra empresa de manera rápida, sencilla y gratuita (aunque con marca de agua). Ofrece, además, gran variedad de plantillas.

Wideo: Wideo es otra aplicación para generar videos, esta vez con animación. Permite dar vida y movimiento a cualquier objeto, y por tanto a los productos de una tienda online. Es muy potente y útil para realizar una demo, presentar informes e infografías o ponerle creatividad a las campañas en internet.

Ejemplo

Veamos un claro caso de éxito de la utilización de Vine. La marca de mantequilla de cacahuete Peanut Butter ideó hace unos años un excelente plan para la promoción de su producto estrella por medio de la red social Vine. Tras la publicación de microvideos de seis segundos, la empresa decidió esconder cupones con premio entre los videos publicados en Vine. También utilizó otras redes sociales como Facebook y Twitter para no centrarse en una única plataforma. El resultado fue un éxito por su gran capacidad de impresionar a las personas usuarias, consiguiendo una captación espectacular, con contenidos divertidos, espontáneos y creativos. Este ejemplo también nos enseña que la diversidad multicanal es una clara tendencia de éxito.

AURUM

La mensajería instantánea en el comercio electrónico

En el ámbito de las redes sociales, hay interesantes herramientas para gestionar del modo más óptimo la comunicación multimedia (textual, audiovisual, de animación, etc.).

Imágenes y animaciones *(gifs)* para mensajería

Peach es un servicio de mensajería instantánea que permite comunicarse apenas sin palabras, pues se basa en el uso de animaciones o *gifs,* imágenes, fotografías, videos, audios, canciones, etc. Presenta, además, un buen nivel de redifusión de contenido web, lo que se conoce como *feed web.* Los contenidos pueden visualizarse de forma pública, o bien de manera privada, según la configuración elegida.

Videos virales

Una eficaz herramienta para el comercio electrónico es **Hyper,** una aplicación que ahorra el trabajo de estar navegando por internet, al explorar la web diariamente y mostrar los videos más importantes del día en alta calidad, basándose en los intereses personales de quien navega. Consigue focalizar y potenciar la segmentación de mercado, para lanzar mensajes de video a un grupo determinado de personas con áreas en común.

Videoconferencias

Con el auge del *streaming,* los chats o conferencias en video se postulan como una herramienta muy útil en la comunicación empresarial. Son una serie de aplicaciones también utilizadas por docentes o personas que ofertan servicios. Permiten generar charlas, debates, presentaciones en directo en otras redes sociales, en las que se pueden visualizar las conversaciones en directo y participar en ellas en la medida que resulten de interés. Si se prefiere la acción y el directo, la mejor opción es utilizar **Blab,** una *app* basada en *videochat* en directo, que permite que hasta cuatro personas a la vez mantengan una conversación online.

Mensajes cortos de audio

Una de las tendencias emergentes en redes sociales es la creación y el intercambio de clips de audio. **Anchor** es una aplicación para dispositivos móviles que permite grabar o capturar cualquier sonido con un teléfono celular. Es la forma más fácil de hacer *podcasts,* por ejemplo, o enviar mensajes cortos de audio a una gran audiencia y de forma pública. Con creatividad y una buena segmentación de mercado, el *retargeting* puede ser significativo. El audio canalizado en directo genera debates, preguntas o intercambio de impresiones, justo lo que se puede necesitar para enlazar una web con servicios y productos que se ofrecen.

AURUM

¿Qué requisitos legales deben cumplir los concursos en las redes sociales?

Los concursos o sorteos en las redes sociales son un buen instrumento para obtener rendimientos a una empresa o tienda online. Fomentan la interacción con los usuarios, la marca mejora su imagen, se incrementa el número de seguidores, y los clientes se sienten cuidados al incentivar su participación. Cuando se organiza un concurso o sorteo, se registran y tratan datos de los participantes, y se requiere, por tanto, unas **bases legales, un aviso legal y cumplir con la ley y el reglamento de protección de datos.** En el apartado H9 **(ficha 9.**10**)** se ofrece un modelo de bases legales y también se puede consultar aspectos sobre la privacidad en internet, en las **fichas 3.**16 a **3.**18 de este manual.

Información

¿Qué debe contener las bases de un concurso en las redes sociales?

- Se debe identificar a la empresa que organiza el sorteo o concurso.
- Es necesario indicar si participar es gratuito o no y, en su caso, el precio estipulado para participar.
- Cómo se denomina el concurso, título y descripción.
- Dónde se aplica la participación (lugar geográfico).
- Cuándo se realiza (día y hora, o intervalo de tiempo de duración).
- Condiciones generales de participación.
- Finalidad del concurso.
- Identificar el premio, junto con su valor y características.
- Penalizaciones y responsabilidades por uso indebido de la participación.
- Definir los canales en los que se va a realizar.
- Forma de realizar el sorteo y selección del ganador.
- Cesión de imagen del ganador.
- Fuerza mayor y circunstancias de suspensión del concurso o sorteo.
- Jurisdicción competente.
- Adjuntar aviso legal de privacidad.
- Casilla sin marcar previamente para que el usuario pulse una vez haya leído las bases y envíe el formulario.

Caso práctico. Los sorteos en Facebook y Twitter

Es posible **realizar concursos, sorteos o promociones a través del** *muro* (según denominación propia de esta red social) o página personal de un perfil de Facebook. Se puede hacer mediante una publicación en foto o video y, además, comunicar quién ha ganado, ya sea por mensaje privado o público.

No obstante, según las condiciones de Facebook, no está permitido incitar a la persona usuaria a compartir dicha publicación en su muro, ya que prohíben conseguir más concursantes a través de quienes ya participan. Dado que es habitual que las marcas comerciales pidan a sus seguidores que compartan las publicaciones, hay que tener en cuenta esta restricción cuando se trate de un concurso o sorteo en esta plataforma.

Si de lo que se trata es de organizar un sorteo o concurso a través de la red social Twitter, hay que tener mucha precaución en no incitar a las personas usuarias a crear múltiples cuentas. Si estas hacen muchas cuentas diferentes o falsas para poder participar en un concurso más de una vez, sus cuentas podrían ser suspendidas. Por ello, es conveniente incluir en las bases legales una regla que especifique que cualquier persona que está usando cuentas múltiples no será elegible para ganar.

Problemas y soluciones
¿Quién paga las posibles multas?

En el caso de tener en propiedad una tienda online que tiene contratada a una agencia o una consultora para gestionar la web, sus redes sociales y la creación de concursos, ¿qué hacer ante un problema legal?

En el supuesto que este comercio electrónico no cumpla con su obligación de mantener una correcta política de privacidad en su web y se le impusiera una multa desde la entidad responsable en cada país, ¿quién es el responsable de pagarla?

La titularidad del dominio es la responsable ante cualquier sanción

Aunque la persona física o jurídica titular del dominio no gestione su espacio web, sus redes sociales o sus asuntos legales, está obligada a abonar cualquier multa que se le imponga. Es simple y no hay interpretaciones posibles. Hay que tenerlo muy en cuenta para evitar sorpresas: además de la repercusión económica, una sanción puede significar graves perjuicios a la imagen pública de una marca o empresa.

Para dar respuesta al desarrollo de una tienda online y sus acciones en redes sociales, es habitual contar con los servicios de un profesional externo, conocido como «gestor de la comunidad de internet» o *community manager*, responsable de elaborar y ejecutar estrategias de comunicación para redes sociales. Si se trabaja con estos servicios profesionales, en sus contratos deben quedar delimitadas las responsabilidades que asume cada parte por las eventuales responsabilidades que pudieran derivarse de acciones específicas.

PROBLEMAS Y SOLUCIONES
Calumnias e injurias en las redes sociales

En primer lugar, debemos evitar verter cualquier tipo de insulto o calumnia mediante las redes sociales. Las redes sociales son eminentemente expresivas, es fácil caer en la inmediatez e impulsividad y generar un comentario negativo que pueda considerarse delito, especificado en el código penal de cada país.

Calumniar o injuriar utilizando redes sociales se considera agravante de ambos delitos.

¿Qué es una calumnia?

La imputación de un delito hecha con conocimiento de su falsedad o temerario desprecio hacia la verdad.

¿Qué es una injuria?

La acción o expresión que lesiona la dignidad de otra persona, menoscabando su fama o atentando contra su propia estimación.

El derecho a la libertad de expresión termina cuando se realizan comentarios humillantes hacia una persona.

Copias y permisos

Hay que evitar copiar contenidos que se encuentren en internet. Si estos están protegidos por **derechos de *copyright*** –cuyo registro no es necesario, ya que pertenecen al autor o autora del contenido por el simple hecho de crearlo–, no se pueden utilizar a nuestro antojo. Es necesario pedir permiso expreso y disponer de la correspondiente autorización para realizar cualquier tipo de acción con contenidos gráficos o textuales que no sean propios.

En caso que el contenido esté protegido con la licencia **Creative Commons,** hay que consultar los derechos que se ceden en cada caso concreto y limitarse a lo especificado.

También es importante el hecho de no poder **copiar comentarios de otras personas sobre nuestros productos sin su permiso.** Sin autorización no se debe copiar y publicar en ninguna web la imagen, nombre o comentario de una persona –en definitiva, una serie de datos de carácter personal–, que deben ser tratados debidamente para no caer en irregularidades.

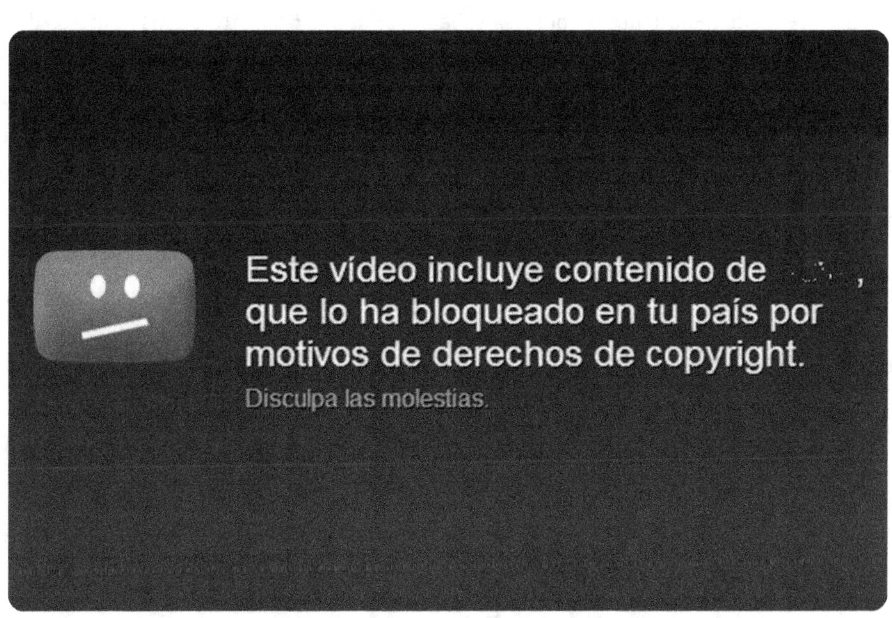

En el bloque dedicado al marco regulatorio del comercio electrónico del capítulo H3 Marco regulatorio del comercio electrónico, se puede ampliar la información sobre el *copyright* y otros aspectos legales relacionados con el uso y la copia de contenidos.

¿Es posible comprar a través de redes sociales directamente?

La respuesta es afirmativa. Imaginemos que en las redes sociales que comúnmente se utilizan hubiera la posibilidad de **adquirir los productos sin necesidad de redirigirse a la tienda online.** Esto significaría una gran ventaja para las empresas que realizan comercio electrónico, y es que la inmediatez en las redes sociales tiene un papel muy importante.

No todas las plataformas sociales están en disposición de hacerlo factible, pero las redes más conocidas cuentan entre sus proyectos tecnológicos de investigación con el desarrollo de esta posibilidad.

Ejemplos

- **Facebook** tiene previsto lanzar su «mensajería para empresas», en las que el empresario podrá hablar directamente con sus clientes mediante chat.

- **Twitter** ha impuesto su botón de compra en algunas de sus plataformas donde se realiza comercio electrónico: **Bigcommerce** o **Shopify.** La principal funcionalidad de este servicio es la de ofrecer a las tiendas online la posibilidad de controlar de forma más sencilla y práctica las conversiones que se realizan con sus apariciones en Twitter.

  El principal tema de debate que se plantea es la seguridad del registro de los números de tarjetas de crédito y débito de esta nueva funcionalidad, ya que el tratamiento de estos datos se situaría en niveles por encima del básico y supondría encriptación de los mismos para garantizar una perfecta privacidad y seguridad de los compradores.

- También **Pinterest** se ha unido a esta innovadora iniciativa: hace uso de su botón Buy o botón de compra en el catálogo de los productos que puede mostrar.

- **Instagram** dispone de un botón de compra, insertado en sus fotos patrocinadas, que permite a la persona usuaria comprar con un solo clic. Se pretende ayudar al marketing de marcas relacionadas con las imágenes de alta calidad que se suelen subir a la plataforma.

AURUM

H8 Tendencias en el comercio electrónico

Hacia dónde avanza el comercio electrónico

El **comercio electrónico por medio del teléfono celular** (denominado «comercio móvil» a partir del anglicismo *mobile commerce* o *m-commerce)* es cada vez más importante. Las nuevas generaciones usuarias ya dedican más tiempo a consultar las plataformas o aplicaciones para dispositivos móviles, como los teléfonos inteligentes y las tablets, que a las web tradicionales.

Las empresas que quieren tener una presencia significativa en internet deben adaptar las actividades digitales o las transacciones del comercio electrónico a todo tipo de plataformas, y especialmente al teléfono celular.

Los niveles de adaptación digital

Los principales retos del comercio electrónico radican en ofrecer soluciones rápidas y eficientes a las demandas del mercado, con industrias altamente competitivas, con plazos de entrega inmediatos, presencia omnicanal y nuevas formas de venta. **La adaptación digital se realiza desde tres niveles:**

- **Visión lineal.** Se trata de mantener el actual modelo de negocio, porque funciona bien o porque no se desea transformarlo a **corto plazo.** En tal caso, hay que estudiar qué medidas digitales pueden aprobarse y ejecutarse en un plazo de seis a 12 meses (por ejemplo, digitalización y automatización de procesos, personalización de productos, nuevos complementos al núcleo del negocio o las competencias distintivas, entre otras).

- **Visión transversal.** Consiste en variar moderadamente el modelo de negocio. Sigue el proceso anterior, pero con medidas más transgresoras a **medio plazo** (por ejemplo, uso de plataformas digitales, concursos de proveedores, conectividad, inteligencia artificial, inteligencia de datos, internet de las cosas, etc.).

- **Visión transformadora.** Se trata de modificar realmente las competencias distintivas de una empresa. Para lograrlo hay que plantear y desarrollar objetivos distintos a los desarrollados hasta el momento (por ejemplo, modificar el modelo de negocio mediante recursos innovadores de las tecnologías digitales).

Una vez seleccionado el nivel de adaptación digital que se desea aplicar el plan de marketing se puede adaptar siguiendo el protocolo EVORI **(fichas H8.3 a H8.6).**

Es fundamental que las tiendas online se adapten a las tecnologías para dispositivos móviles, enfocadas sobre todo a un público joven.

EVORI
Más allá del *retargeting:* el protocolo EVORI en una campaña digital

El universo de potenciales clientes transforma progresivamente sus **hábitos de consumo.** Las personas compran de manera diferente, tienen nuevas necesidades y, sobre todo, buscan confianza, singularidad, personalización y rapidez. Los modelos digitales de acceso a los productos y servicios, y la tecnología 4.0, inducen a **enamorar a los clientes de manera distinta.**

Además de aplicar el ***retargeting* (ficha H7.8),** es decir recuperar clientes u objetivos perdidos por haber abandonado la web o tienda online sin registrarse o sin comprar, hay que **modificar la estrategia de marketing digital** para conseguir:

- Aumentar las ventas mediante los contactos; es decir, incrementar la conversión: mayor número de *leads* (visitantes que han demostrado interés en la oferta de la marca completando una solicitud con información adicional) que terminen en ventas formalizadas.

- Construir relaciones sólidas y marcas «tribales», es decir, aquellas que pasan del «me gusta» al verdadero amor por la marca.

- Maximizar los retornos de la inversión o ROI (del inglés *return on investment).*

Las tendencias en campañas marketing online apuntan a las cinco reglas del protocolo EVORI, más que a las de las 4P convencionales: producto, precio, punto de venta y promoción o publicidad. **El protocolo EVORI permite establecer diversas pautas de transformación digital:**

E: **Experiencia *versus* producto.**

V: **Valores *versus* precio.**

O: **Omnicanalidad *versus* punto de venta** (en localización concreta).

R: **Reclutamiento digital *versus* reclutamiento por aptitudes.**

I: **Innovación *versus* publicidad.**

En un entorno competitivo, las tiendas físicas deben enamorar, personalizar y hacerse singulares, analizando en profundidad los datos que dispongan para predecir los hábitos de compra.

EVORI
E: Experiencia *versus* producto

Los clientes se mueven en ecosistemas digitales. Poseen las herramientas necesarias para informarse, contrastar opiniones y convertirse en personas críticas o entusiastas hacia una determinada marca. Las redes sociales han roto la brecha social y cualquier persona puede ser altavoz de la imagen de una marca.

No se trata de vender producto, sino experiencia. El producto se conforma mediante materias primas y procesos productivos, pero eso no es relevante. Se debe enamorar de otra manera. **La tendencia apunta a vender valores y estilo de vida:**

- **Valores:** Qué venden las marcas de productos ecológicos, refrescos, electrodomésticos, etc. Desde felicidad, añoranza, nostalgia, pertenencia a un grupo, hasta metas trascendentales, seguridad y privacidad, entre otros valores humanos.

- **Estilo de vida:** La narración de historias *(storytelling)* como herramienta utilizada en marketing de contenidos, por medio de las cuales se conecta de modo personal con el público objetivo y se desarrollan experiencias de marca.

V: Valor *versus* precio

No todo lo bueno es caro, pero sin duda lo mejor no acostumbra a ser lo más barato. **La industria 4.0 apuesta por el valor,** y ante la ausencia de producto diferenciado también se modifica la forma de retribuirlo.

Facebook, WhatsApp, Instagram, Vine o Snapchat, por ejemplo, son negocios online que se utilizan sin ofrecer dinero a cambio, pero que se «pagan» con datos personales. Estas plataformas, siendo las mayores ofertantes de contenido, no lo generan.

Las redes sociales y otros servicios desarrollados en la red toman datos para ser analizados como macrodatos con el fin de ofrecer mejores servicios, ayudar a las empresas a conocer intereses de las personas consumidoras, su predisposición de compra o la capacidad de pago.

Los datos que circulan por las redes sociales son tomados por «reclutadores» que pueden desglosar características personales útiles para diversas decisiones. Por ejemplo, hay entidades de crédito que analizan perfiles de Facebook para valorar si conceden un préstamo. **Los datos personales son el nuevo oro de la transformación digital.**

EVORI
O: Omnicanalidad *versus* punto de venta

Los puntos de venta ahora se llaman **puntos de contacto** y el sistema es híbrido, es decir, combina la tienda online con la venta sin soporte digital. La forma de comprar se ha modificado y obliga al comercio electrónico a transformarse en **comercio O2O** *(online to offline).* Negocios únicamente digitales han visto necesario disponer de una tienda física para conectar con la clientela, generar confianza y ofrecer aquello que tanto demanda: **singularidad, participación y personalización.**

Las nuevas tendencias están modificando las conductas de compra. Las personas se informan en redes sociales y acuden a las tiendas online, pero demandan **omnicanalidad: compran por internet y devuelven el artículo en una tienda física.**

Un reto de la venta minorista tradicional es el de **aunar tienda online y tienda física** para evitar que las personas consumidoras elijan el artículo en esta última para comprarlo finalmente en la tienda online donde suele ser más económico.

R: Reclutamiento digital *versus* reclutamiento por aptitudes

El protocolo EVORI aporta una regla singular, basada en el cambio de mentalidad en la gestión de los recursos humanos. Tradicionalmente, la acción principal en esta área es el análisis de las aptitudes de las personas candidatas y si se adaptan a los valores de la empresa.

Sin embargo, dado que las marcas pasan a vender valor más que producto, hay que analizar a conciencia los valores de quien opta al puesto y, solo a continuación, sus aptitudes. Por ejemplo, algunas empresas hacen entrevistas de personal algo «extravagantes», fuera de lo común, únicamente para ver y analizar las reacciones espontáneas de la persona.

Algunas características de esta nueva regla son:

- Apuesta por la **excelencia laboral.**
- Estudio de las **metas, valores y compromiso** del personal recién incorporado a la empresa: por ejemplo, cómo se comporta en situaciones negativas, si defiende injusticias, si critica a sus compañeros o inventa chismes, etc.
- **Comportamiento coherente** con determinados valores; por ejemplo, cómo se comporta en momentos informales, si es una persona luchadora, si consigue liderar sin pisar a los demás, etc.

EVORI
I: Innovación *versus* publicidad

La publicidad tradicional no es suficiente, la promoción debe hacerse «a medida». Se tratan macrodatos para analizar preferencias y necesidades, y estudiar la hoja de ruta o el mapa del ciclo de compra de los clientes.

Se deja de lado la promoción en presente (venta de un producto basado en características frente a la competencia) para dar paso a la **generación de oportunidades.** Tras un contacto a través de una web hay una persona cliente potencial, puesto que es alguien que ha mostrado interés por la marca. La nueva estrategia consiste en generar situaciones que promuevan y aumenten ese potencial:

- **Uso de CRM** *(customer relationship management)* **social:** Antes se promocionaba comprar unas marcas frente a otras. Ahora se promociona vender unos productos frente a otros. Las preferencias cambian y los canales donde se escucha lo que interesa o no son las redes sociales.

- **Personalización:** La oferta de producto debe ser personalizada; las personas consumidoras no confían en productos estandarizados, sino que pagan precios más altos por productos a medida. El sector de la alimentación ya está produciendo en función de perfiles o grupos determinados, y se lanzan campañas en redes sociales mediante la multidifusión que pueden proporcionar las etiquetas o *hashtags*.

- **Participación:** Sin duda, la mejor publicidad proviene de los clientes, que pueden constituirse en la mejor embajada de una marca en los canales sociales.

Ejemplo

En una reunión de jóvenes, alguien tiene hambre y hay que decidir qué se cena. A partir de ese momento, ya no miran la televisión, ni tan siquiera siguen charlando: **el primer impulso va a ser navegar por internet.** La estrategia de quien vende debe adaptarse a los nuevos ecosistemas. Si esos jóvenes clientes entran en las redes sociales para informarse sobre qué es mejor cenar, hay que desarrollar un plan de marketing centrado en canales sociales o dirigido a proveedores de internet de las cosas (IoT). Por ejemplo, si un frigorífico tiene implantado un sistema inteligente IoT, hay que negociar con la empresa fabricante que recomiende determinadas tiendas online o que realice la lista de la compra sobre la base de los productos que acostumbra a conservar en su interior.

¿Qué son los macrodatos y cómo se aplican al comercio electrónico?

La evolución de las comunicaciones, accesibles con alta capacidad desde cualquier parte del mundo, está vinculada al crecimiento y abaratamiento del coste de los procesadores y sistemas de almacenamiento. Esto ha permitido una enorme proliferación de los datos obtenidos a través de redes de comunicación, desarrollando lo que se conoce como macrodatos, inteligencia de datos o *big data*. Este concepto se centra en **gestionar grandes volúmenes de información provenientes de fuentes diversas** y que es útil para una actividad empresarial. Las tendencias y áreas más comunes en el uso de macrodatos son:

Fijación de precios. También se conoce como *pricing* y consiste en establecer los precios de los productos en función de los comportamientos o hábitos de consumo de los clientes. Se basa en utilizar los datos de internet para estudiar estos comportamientos y establecer un precio según el ánimo de compra de cada persona.

Cadena de bloques. Se trata de una base de datos distribuida e interconectada que permite adicionar bloques de información protegida criptográficamente. Se establecen redes de conexión e intercambio en las que las personas usuarias están validadas para disponer, transmitir y ampliar la información sin un agente que administre las transacciones o conceda autorizaciones y privilegios. El concepto de cadena de bloques se usa en el campo de las criptomonedas, cuyo ejemplo más conocido son los *bitcoins*.

Contenidos para la relación con los clientes. A la gestión de las relaciones con los clientes, se suma ofrecer los contenidos que necesitan en el momento adecuado. Se trata de personalizar al máximo la comunicación, también conocida como *customer relationship content* (CRC).

Multicanal. Los productos vendidos en tiendas online pueden tomarse y devolverse en tiendas físicas. La estrategia multicanal es seguida por numerosas empresas de productos o servicios que llegan al cliente final (las conocidas como *retail*).

¿Qué es el aprendizaje automático?

En el campo de las ciencias de la computación –y especialmente en el ámbito de la inteligencia de datos–, está adquiriendo un gran desarrollo el aprendizaje automático, conocido también como aprendizaje de máquinas. Es una rama de la inteligencia artificial cuyo objetivo es **desarrollar técnicas que permitan a las computadoras aprender.**

Se trata de crear programas capaces de generalizar comportamientos a partir de una información no estructurada suministrada en forma de ejemplos.

Estos programas permiten, tras analizar la información obtenida por medio de macrodatos, **prever comportamientos del consumo de potenciales clientes o mercados, o de las empresas competidoras.** Inteligencia artificial utilizada en hábitos de consumo.

¿Qué son los bots en comercio electrónico?

Un bot es **un programa informático que simula a un humano,** una forma de inteligencia artificial capaz de realizar funciones que competen a los humanos. Su nombre procede del apócope de robot.

Los bots más utilizados son los conversacionales o *chatbots*, robots capaces de reproducir conversaciones con una persona por medio de mensajería o por sistemas multimedia, y tras proveerlo de una serie de respuestas preparadas.

Los bots conversacionales tienden a reemplazar a los centros de atención al cliente, transformándolos en centros integrales de posventa, con atención personalizada las 24 horas del día.

Los bots pueden ser utilizados para múltiples tareas y tienen grandes ventajas, como el multilenguaje o la conectividad con otros elementos similares. Una cuestión fundamental es qué entrenamiento se hace del bot y cuáles deben ser sus respuestas automáticas, y la clave en conocer cómo se definen los requerimientos y las intenciones de las personas usuarias.

¿Qué es el internet de las cosas?

Internet no solo se utiliza como herramienta de soporte, almacenamiento y acceso a las actividades empresariales en la red. Los objetos se conectan ahora a internet para ofrecer soluciones más precisas, presentar información detallada a clientes y conseguir campañas de marketing adaptadas. **Esta interconexión se conoce como internet de las cosas o sistemas IoT** (por la abreviatura en inglés de *internet of things*).

En logística del comercio electrónico, los sistemas IoT son muy utilizados. Ante los cambios en hábitos de consumo, las empresas tienden a diferenciarse de la competencia y ofrecer a sus clientes productos con alta rentabilidad, de manera inmediata y con una calidad superior.

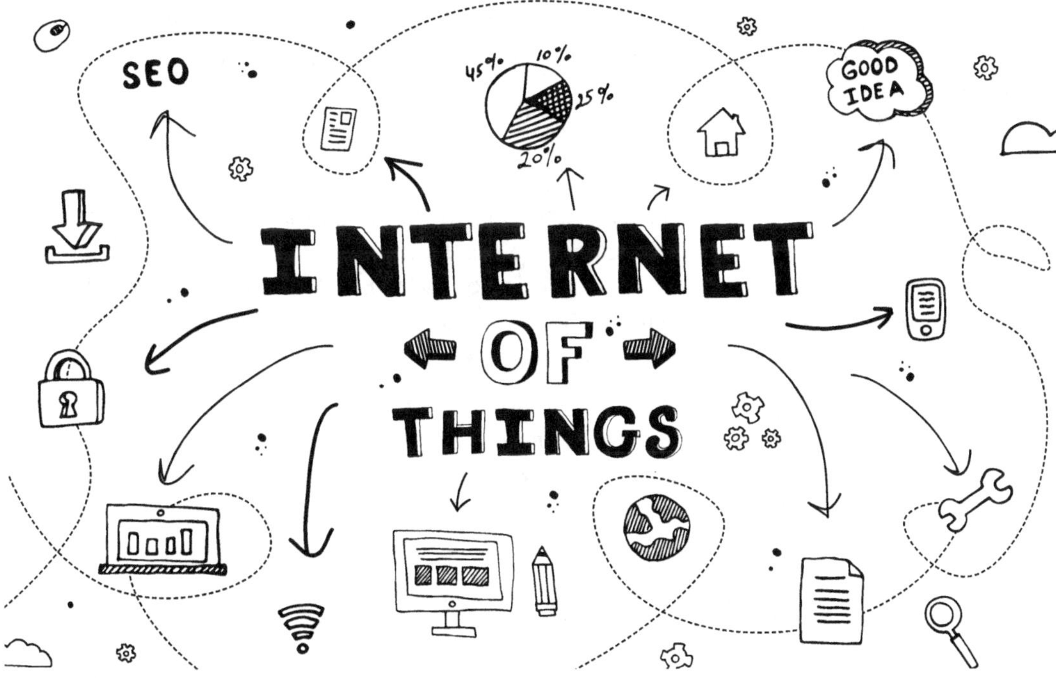

Ejemplo

Algunas empresas de transporte urgente internacional *(courier)* utilizan un pequeño dispositivo en su proceso de entrega basado en sistemas IoT, que posiciona el paquete y por el cual se pueden controlar factores químicos y condicionales del objeto (como la temperatura, la luz o la humedad, entre otros).

Estos dispositivos funcionan con etiquetas o tarjetas RFID (siglas de *radio frequency identification*), que identifican un objeto por radiofrecuencia. Son una importante herramienta para la logística de cadenas de suministro complejas.

Aplicar la inteligencia artificial a los procesos productivos optimiza la producción y aumenta la calidad del servicio al cliente.

¿Qué son las denominadas nuevas *cookies?*

Las **balizas electrónicas** o *beacons* son dispositivos inalámbricos, que funcionan con una conexión *bluetooth* de bajo consumo, para transmitir mensajes o avisos directamente a un dispositivo móvil sin necesidad de una sincronización de los aparatos. **Se instalan en tiendas físicas, son capaces de reconocer al cliente y analizar sus tendencias de compra, hábitos y costumbres,** para así poder enfocar y focalizar de mejor manera las campañas de marketing y ofrecer los productos en tiempo, forma y necesidades que se requieren en cada momento.

Este modelo de negocio se basa en la **señalización digital dinámica o multimedia,** un modelo de marketing programático que conlleva la medición de audiencias en tiempo real.

La **geolocalización** se puede considerar como la nueva *cookie* de la era digital: sistemas que usan las localizaciones asociadas a personas para identificar a los clientes y ofrecerles los productos que necesitan.

En el contexto de las ventas en establecimientos físicos, estas balizas electrónicas suelen ir asociadas con aplicaciones móviles específicas, promovidas por la empresa vendedora y que requieren la instalación por parte de la persona usuaria. A través de este **marketing de proximidad,** una marca puede enviar a nuestro dispositivo móvil sus ofertas cuando se entra en la tienda o los descuentos del día al pasar frente a su escaparate.

A través de una red de balizas electrónicas y su *app,* también se puede guiar a los visitantes de un museo por las diferentes salas o informar al minuto sobre el estado del tráfico en la ciudad. Se trata de una misma tecnología aplicada al marketing o a otros fines colaborativos.

¿Qué es el marketing de atracción?

También conocido como *inbound marketing,* es un conjunto de técnicas de mercadotecnia no intrusivas que permiten **captar clientes aportando valor,** a través de la combinación de diversas acciones de marketing digital, como el posicionamiento en buscadores o SEO, el marketing de contenidos, la presencia en redes sociales, la generación de *leads* (captación de contactos) y la analítica web.

En esta estrategia de marketing, las marcas ofrecen información de valor a sus consumidores y se posicionan como expertas; de este modo, se prima la generación de confianza frente a la venta directa.

AURUM

¿En qué consiste el marketing corporativo?

En la era digital ha cambiado la comunicación y el modo de relacionarse entre la empresa y sus clientes. Por ello cobra importancia la búsqueda de interrelaciones y sistemas que, como el marketing corporativo, permiten crear estrategias dentro de una organización para **incrementar la fidelidad de los empleados** y fortalecer su imagen corporativa. Las dos principales estrategias son:

ADN empresarial. Se da cuando una organización acude a la cantera innovadora de sus empleados para abastecerse de ideas y potenciar su «ADN corporativo», una metáfora del concepto biológico aplicado a la cultura de las organizaciones. La idea es que todos suman uno, y que la empresa no «construye» al cliente, la empresa «construye, potencia y dinamiza» al empleado y, en consecuencia, este genera buenas relaciones comerciales. Son muchas las empresas que celebran **jornadas de innovación** dirigidas a que sus empleados compartan nuevas ideas y estrategias con la dirección. Una forma de participación abierta al talento interno.

Aventura empresarial. Es una forma de emprendimiento corporativo, también conocida como *corporate venturing*, en el que las acciones de investigación de la empresa se combinan con las últimas innovaciones del entorno emprendedor. Se pueden captar nuevos talentos y modelos de negocio, que fomentan las relaciones entre las compañías emergentes *(start-ups)* y las grandes empresas.

¿Qué es el *publisher marketing?*

Se trata del marketing realizado por la propia empresa y sus empleados o colaboradores, mediante contenidos destinados a ser publicados en medios digitales como noticias o artículos directos, por ejemplo, evitando así los elementos o sistemas publicitarios impersonales. En él prima la originalidad, el dinamismo y la percepción de la corporación como cantera de valor.

¿Qué es un *podcast?*

Un *podcast* es una emisión de voz o video que se puede descargar de internet mediante una suscripción previa y ser escuchada a través de una computadora o de un dispositivo móvil.

El *podcast* permite **acceder a la información cuando la persona usuaria quiere y desde cualquier lugar.** Se ofrecen numerosos contenidos en forma de *podcast*, y se trata de una de las tendencias del comercio electrónico.

La distribución de clips de audio o video tiene una presencia significativa en sitios de internet, blogs y redes sociales. Mediante el uso de *podcasts*, las marcas se orientan y aproximan al cliente, y fidelizan su audiencia.

¿Qué son las PWA?

Las aplicaciones web progresivas, también conocidas por las siglas PWA *(progressive web apps),* **son un híbrido de web y aplicación móvil.** Combinan beneficios de ambas para adaptar la publicidad e incrementar la presencia corporativa en el mercado.

Entre sus beneficios están la rapidez y fluidez en la navegación. Ofrecen una experiencia de usuario inmersiva en pantalla completa y una fácil reconexión mediante el **envío de notificaciones *push.***

AURUM

Ludificación: divertirse mientras se fidelizan clientes

La ludificación o gamificación, aplicada al mundo empresarial, consiste en la **utilización de dinámicas propias de los juegos en circunstancias y actividades no lúdicas.** El objetivo es emplear estas mecánicas para promover entre empleados, colaboradores o clientes **valores positivos que son comunes a la mayoría de juegos,** como la concentración en un fin colectivo, la colaboración, la motivación y la capacidad de esfuerzo, por ejemplo. A través del juego es posible crear emociones que facilitan reforzar los vínculos entre las personas.

La proactividad que genera la ludificación es una herramienta que permite potenciar la búsqueda de soluciones o la mejora en muy diferentes áreas, como la comunicación y los procedimientos en el seno de las organizaciones, las estrategias de mercadotecnia o el incremento de las ventas, entre muchas otras.

Mediante la actitud de compromiso que se genera con técnicas de ludificación se puede mejorar la confianza de los clientes y adquirir su fidelización, o conseguir ahorros de costos mediante soluciones aportadas por ellos mismos y los empleados de la empresa.

¿Sabías que...?
Una *hackatón* (maratón + *hacker)* es un encuentro que favorece y promueve el desarrollo colaborativo de un proyecto.

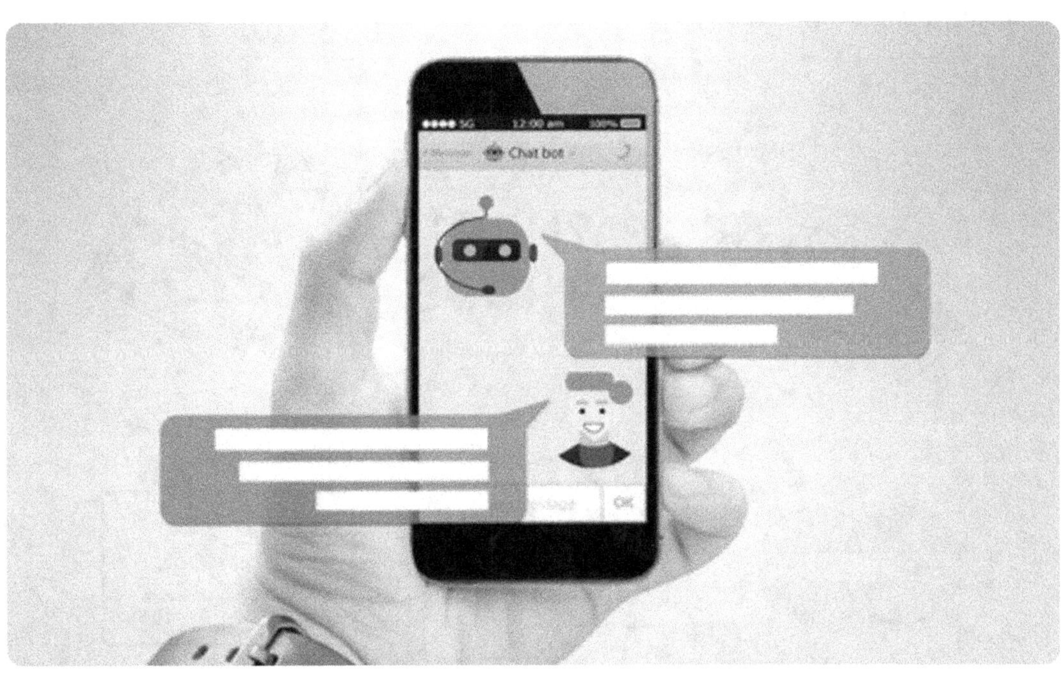

¿Qué tendencias existen en las entregas del comercio electrónico?

En los entornos tecnológicos prima la inmediatez. Las personas prefieren poseer el producto de manera rápida o inmediata. De ahí que con frecuencia sea conveniente **modificar los modelos productivos o los canales de distribución,** y la adaptación de la inteligencia artificial y las tecnologías de la información y la comunicación para ofrecer más dinamismo en las entregas, mayor seguridad en los trazados y facilidad en las formas de pago.

Hiperconectividad

- Se promueve la integración y la gestión centralizada del canal en línea *(online)* y los canales físicos tradicionales *(offline).*

- Se tiende a conectar la tienda física y la tienda online para promover las entregas puntuales y prestar un mayor servicio al cliente.

Sistemas de pago sin contacto

Permiten pagar una compra utilizando tecnologías como la identificación por radiofrecuencia o la de campo cercano, incorporadas en distintos tipos de dispositivos, como tarjetas o teléfonos celulares, por ejemplo. El pago de una transacción se realiza simplemente acercando el dispositivo a un lector del terminal punto de venta.

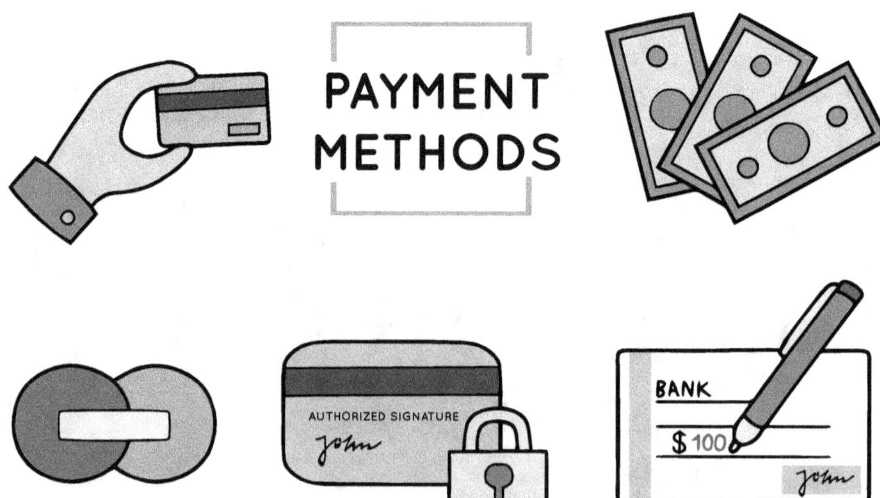

¿Qué es una *fintech?*

El término *fintech* se aplica a un sistema o empresa tecnológica que presta servicios financieros, es decir, **tecnología para mejorar las actividades financieras.** Su origen se encuentra en la unión de las palabras:

La directiva comunitaria sobre servicios de pago ha impulsado los sistemas *fintech*, con el surgimiento de empresas tecnológicas que prestan servicios de envío de transferencias de forma rápida, segura y con un adecuado soporte digital. Estos sistemas promueven la digitalización de los procesos de envíos de dinero. Se trata de unificar el mercado de pagos y proteger a las personas que lo utilizan al aumentar la seguridad en los procesos. Un claro ejemplo de sistema *fintech* es el servicio de TransferZero, que permite transferir dinero sin comisiones.

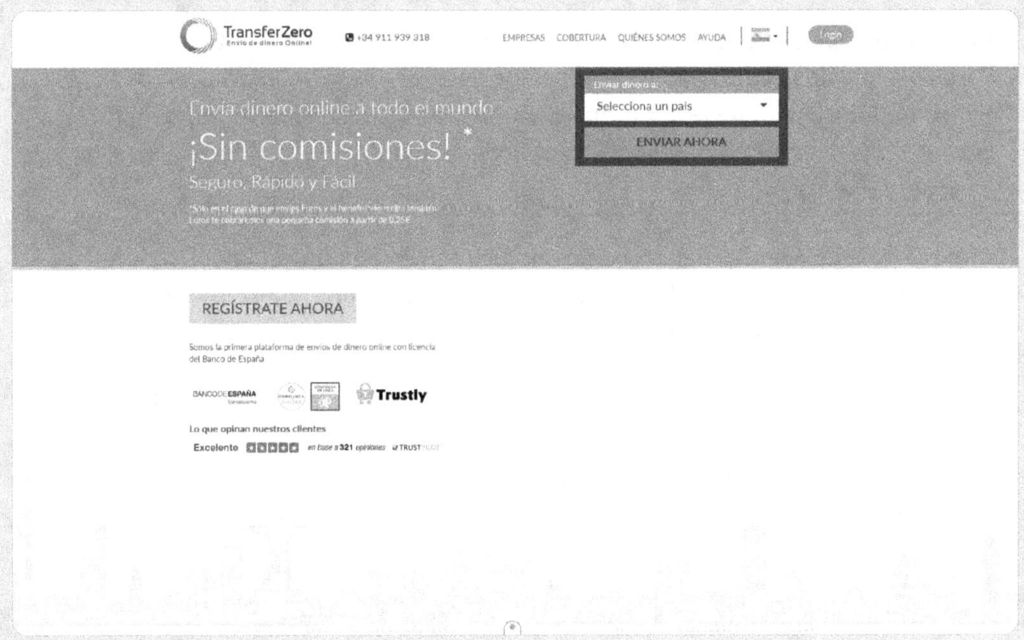

Además de revolucionar el sector de pagos, la banca móvil o las monedas alternativas, otras áreas *fintech* destacadas son la gestión de macrodatos, el micromecenazgo y, en general, la gestión automatizada de procesos y la digitalización.

Nuevos modelos, nuevos conceptos de comercio electrónico

La irrupción de internet en las ventas y el marketing ha hecho emerger nuevos comportamientos en los consumidores que, a su vez, están implicando nuevos modelos de negocio. Algunas de las características y procesos de estas tendencias se resumen aquí.

Bricks & mortar. Conocidas también por sus siglas B&M, son las tiendas físicas de toda la vida. Su traducción del inglés significa «ladrillo y mortero». Evidentemente, con la irrupción de las tiendas online se han visto afectadas sus ventas. ¿Qué ocurre? Una persona va a una tienda física, ve el producto, lo prueba, se informa de su precio y, finalmente, lo compara en algún portal de venta por internet. Suele ocurrir que los precios de venta online son bastante más bajos y decide comprar por internet.

Crossing. El reto al que se enfrentan las tiendas tradicionales físicas o B&M es compensar ese «cruce» *(crossing)* que provoca la pérdida del cliente. Hoy día lo pueden hacer con nuevos modelos de negocio como el *click & mortar* o el *click & collect.*

Click & mortar. Las *click & mortar* son empresas que disponen de tienda física a las que se puede acudir a pedir información y ver el producto, pero además tienen tienda online donde puede adquirirlo a un precio más competitivo. Combinan la venta tradicional en sus tiendas físicas con la adaptación al mundo digital al disponer de venta online.

Click & collect. En este método de compra, una persona hace el pedido de sus productos online en una web y retira su compra en el punto de venta físico. Se genera una actividad comercial que pretende ser omnicanal.

Store to web. Muchas *click & mortar* mantienen tiendas físicas en las que, a su salida, se invita a consumir en internet: pantallas bien visibles en las que puede leerse que «si no has encontrado lo que buscas, prueba a entrar en nuestra web». Esta tendencia se conoce como *store to web.*

Web to store. Es el comportamiento de los usuarios de internet que buscan información en la red antes de comprar en la tienda física.

Pure players. Los denominados *pure players* son los comercios electrónicos nacidos en internet, en los que el punto de venta es únicamente virtual. Curiosamente, alguna gran empresa *pure player* está recorriendo el camino inverso con la apertura de tiendas físicas.

H9 Casos prácticos

Ejemplo de cómo contratar un dominio

Hemos visto en la **ficha H4.**3 los pasos necesarios para contratar un dominio de internet. Veamos un caso práctico desde cero:

Paso 1

Elegir un nombre de dominio, en función de una estrategia definida.

Ejemplo: Coolshopping

Paso 2

Decidir la extensión más adecuada: .com, .es, .org, .net, etc.

Ejemplo: www.coolshopping.es

Paso 3

Comprobar que está disponible.

Ejemplo: dirigirse a un servicio de contratación de dominios, escribir el que se ha elegido y comprobar que esté libre.

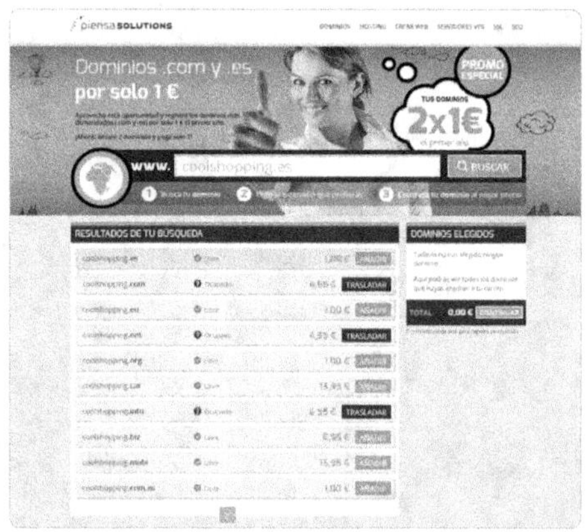

Paso 4

Seleccionar el tipo de servicio (paquete) de entre los que ofrece la empresa proveedora.

Ejemplo: tras elegir el nombre, seleccionar el tipo de servicios que se requieren, continuar y pagar.

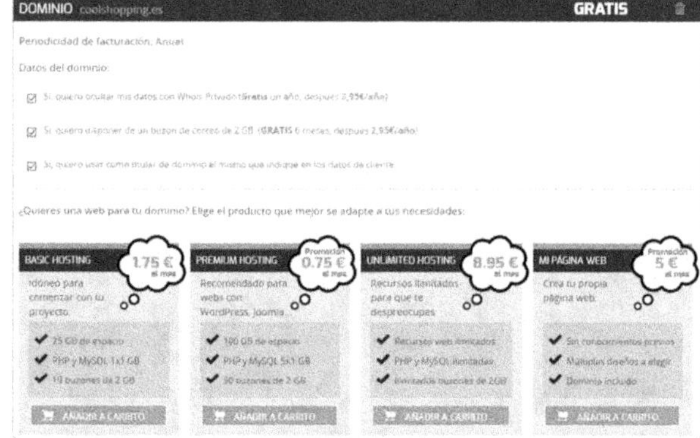

Paso 5

Tan solo falta proporcionar los datos del dominio contratado a la empresa de diseño web.

Decidir qué sistema de gestión de contenidos se contrata

Un **sistema de gestión de contenidos,** también conocido como **CMS** (abreviatura de *content management system),* es una herramienta que se emplea para que una empresa o una persona física se pueda **gestionar su propia tienda online.**

Hay gestores de contenidos cuya programación informática es abierta y gratuita, y los hay de pago. A la hora de decidirse por alguno hay que fijarse bien en las características que ofrecen, qué se busca y se necesita y si las personas que van a utilizarlo se encuentran cómodas trabajando con el sistema de gestión seleccionado.

Información

Existen distintas modalidades de sistemas de gestión de contenidos:

- **CMS integrales.** Son programas dedicados íntegramente a crear tiendas online. Ejemplos de ello son: PrestaShop, Magento, Joomla, Drupal, Joomla Hostinger o OsCommerce. De todos ellos, PrestaShop es el más conocido y utilizado en comercio electrónico. Es multitienda, muy sencillo de usar y consume poco. Entre otros, Magento es una opción más compleja, pero más potente.

- **CMS + *plugin.*** Los *plugins* son componentes de código, esto es, programas, que se instalan en el equipo para ampliar funcionalidades. Por ejemplo, con un *plugin* se puede ampliar un blog hasta convertirlo también en una tienda online. Ejemplos: Wordpress + WooCommerce, Joomla + Virtue Mart 3 o Wordpress + Jigoshop. Esta opción se utiliza cuando ya se tiene un desarrollo previo y se quiere ampliar su funcionalidad.

- **En la nube.** Hay otra forma de crear tiendas online y es «en la nube». Normalmente, esta fórmula se utiliza para tener la tienda online en una web ajena a la propia. Para ello se usan programas como Shopify o Bigcommerce.

Para elegir un sistema de gestión de contenidos hay que valorar el precio (incluyendo todas las herramientas, como certificado SSL, soporte técnico, etc.), el rendimiento, las aplicaciones, la dificultad de manejo o aprendizaje, así como el número de productos que se pretende vender.

Ejemplo de descarga de CMS: cómo instalar PrestaShop

Dado que PrestaShop **es el sistema de gestión de contenidos libre y de código abierto** usualmente más empleado en comercio electrónico, vamos a analizar paso a paso su descarga.

Los requerimientos para la descarga son: disponer de un nombre de domino, de un editor de texto, de un programa de transmisión de datos (ftp) y de espacio libre en el servidor.

Paso 1. Abrir la página web www.prestashop.com/es/descarga y pulsar el botón «Descárgalo ahora».

Paso 2. A continuación se descarga un archivo comprimido .zip. Hay que descomprimirlo y guardarlo en una carpeta del equipo.

Paso 3. Buscar en internet el programa de transmisión de datos (ftp) FileZilla Client y descargar la versión para Mac o Windows, según el caso. Proceder a su instalación en el equipo siguiendo las instrucciones.

Paso 4. Establecer conexión con el espacio de alojamiento del cliente ftp con los datos de acceso. Aparece un desplegable y se debe indicar un correo electrónico y el motivo por el que se quiere descargar.

Paso 5. En FileZilla, buscar en la carpeta de contenido los dos archivos de PrestaShop y colocarlos en la parte izquierda. En la casilla de la derecha indicar dónde se quiere colocar PrestaShop y arrastrar ambos archivos.

Paso 6. Crear una base de datos acorde a instrucciones del servidor, si no existe.

Paso 7. Iniciar el autoinstalador. Leer los mensajes de los seis pasos e ir rellenando campos o activando casillas de permiso. Es muy intuitivo y solo hay que seguir los pasos.

Paso 8. Finalización de la instalación. Usar el ftp y eliminar algunas carpetas para mejorar la seguridad de la instalación. Concretamente estas carpetas: Install, Docs y Readme.

¡Ya se puede iniciar una sesión en el panel de administración de PrestaShop!

Ejemplo de página «Política de *cookies*» (I)

Este texto estándar es válido para una página informativa sobre la política de *cookies* de una web, y cuyo acceso debe ser bien visible en el aviso de aceptación de las mismas.

Una *cookie* es un pequeño fichero de texto que se almacena en el navegador de la persona usuaria cuando esta visita una web. Su utilidad es que la web sea capaz de recordar su visita cuando vuelva a navegar por esa página.

Las *cookies* suelen almacenar información de carácter técnico, preferencias personales, personalización de contenidos, estadísticas de uso, enlaces a redes sociales, acceso a cuentas de usuario, etc. El objetivo de la *cookie* es adaptar el contenido de la web a su perfil y necesidades; sin *cookies* los servicios ofrecidos por cualquier web se verían mermados notablemente.

¿Qué información almacena una *cookie?*

Las *cookies* no suelen almacenar información sensible sobre el usuario, como tarjetas de crédito o datos bancarios, fotografías, documentos de identificación o información personal. Los datos que guardan son de carácter técnico, preferencias personales, personalización de contenidos, etc. El servidor web no asocia al usuario como persona, sino a su navegador web.

Cookies utilizadas en este sitio web

Esta web utiliza tanto *cookies* temporales, de sesión, como permanentes. Las *cookies* de sesión almacenan datos únicamente mientras el usuario accede a la web, y las *cookies* permanentes almacenan los datos en el terminal para que sean accedidos y utilizados en más de una sesión.

Según la finalidad para la que se traten los datos obtenidos a través de las *cookies,* la web puede utilizar:

***Cookies* técnicas.** Permiten la navegación a través de la web o aplicación y la utilización de las diferentes opciones o servicios que en ella existen. Por ejemplo, controlar el tráfico y la comunicación de datos, identificar la sesión, acceder a las partes web de acceso restringido, recordar los elementos que integran un pedido, realizar la solicitud de inscripción o participación en un evento, utilizar elementos de seguridad durante la navegación y almacenar contenidos para la difusión de videos o sonido.

***Cookies* de personalización.** Permiten acceder al servicio con algunas características de carácter general predefinidas en la terminal del usuario o que este defina. Por ejemplo, el idioma, el tipo de navegador a través del cual accede al servicio, el diseño de contenidos seleccionado, geolocalización del terminal y la configuración regional desde donde se accede al servicio.

***Cookies* publicitarias.** Sirven para gestionar los espacios publicitarios que se han incluido en la web o aplicación desde la que se presta el servicio. Permiten adecuar el contenido de la publicidad para que esta sea relevante para el usuario y para evitar mostrar anuncios que este ya haya visualizado.

***Cookies* de análisis estadístico.** Se utilizan para el seguimiento y análisis del comportamiento de los usuarios en una web. La información registrada mediante estas *cookies* sirve para medir la actividad de los sitios web, aplicación o plataforma, y para la elaboración de perfiles de navegación de

[Continúa en la página siguiente]

Casos prácticos

Ejemplo de página «Política de *cookies*» (II)

[Viene de pág. anterior]

los usuarios de dichos sitios, con el fin de introducir mejoras en el servicio en función de los datos de uso que hacen los usuarios.

***Cookies* de terceros.** Esta web utiliza *cookies* de terceros para la recopilación de información con fines estadísticos, de uso del sitio por parte del usuario y para la prestación de otros servicios relacionados con la actividad del sitio web y otros servicios de internet.

Google Analytics. En particular, este sitio web utiliza Google Analytics, un servicio analítico de web prestado por Google, Inc., con domicilio en Estados Unidos, en 1600 Amphitheatre Parkway, Mountain View, California 94043. Para la prestación de estos servicios, se utilizan *cookies* que recopilan la información, incluida la dirección IP del usuario, que será transmitida, tratada y almacenada por Google en los términos fijados en la web Google.com, incluyendo la posible transmisión de dicha información a terceros por razones de exigencia legal o cuando dichos terceros procesen la información por cuenta de Google.

Redes sociales. Cada red social utiliza sus propias *cookies* para que usted pueda clicar en botones del tipo Me gusta o Compartir.

¿Cómo administrar *cookies* en el navegador?

El usuario tiene la opción de permitir, bloquear o eliminar las *cookies* instaladas en su equipo mediante la configuración de las opciones del navegador instalado en su terminal. Para ajustar los permisos relacionados con las *cookies* en el navegador Google Chrome:

- Hacer clic en el menú situado en la barra de herramientas.
- Seleccionar Configuración.
- Hacer clic en Mostrar opciones avanzadas.
- En la sección Privacidad, hacer clic en el botón Configuración de contenido.
- En la sección de *Cookies* se pueden configurar las opciones.

Por último, se puede visitar la página de información sobre privacidad de Google Chrome.

Para ajustar los permisos relacionados con las *cookies* en el navegador Mozilla Firefox:

- En la parte superior de la ventana de Firefox hacer clic en el menú.
- Entrar en Opciones.
- Revisar la sección Privacidad y seguridad.
- Se puede elegir una configuración personalizada para el historial para configurar las opciones.

En caso de duda, visitar la página Más información sobre Mozilla Firefox.

Para ajustar los permisos relacionados con las *cookies* en el navegador Internet Explorer 9:

- En la parte superior de la ventana de Internet Explorer hacer clic en el menú Herramientas.
- Seleccionar la pestaña de Seguridad y utilizar la opción Eliminar el historial de exploración para eliminar las *cookies*. Activar la casilla *Cookies* y, a continuación, hacer clic en Eliminar.
- Seleccionar la pestaña de Seguridad y acceder a Configuración. Mover el control deslizante totalmente hacia arriba para bloquear todas las *cookies* o totalmente

[Continúa en la página siguiente]

AURUM

Ejemplo de página «Política de *cookies*» (III)

[Viene de pág. anterior]

hacia abajo para permitirlas todas. Tras ello, hacer clic en Aceptar.

Para dudas, visitar la página Más información sobre Internet Explorer 9.

En caso de bloquear el uso de *cookies* en su navegador es posible que algunos servicios o funcionalidades de la web no estén disponibles. En algunos navegadores se pueden configurar reglas específicas para administrar *cookies* por sitio web, lo que ofrece un control más preciso sobre la privacidad. Esto significa que se puede inhabilitar *cookies* de todos los sitios salvo de aquellos en los que se confíe.

Desactivación o eliminación de *cookies*

En cualquier momento podrá ejercer su derecho de desactivación o eliminación de *cookies* de este sitio web. Estas acciones se realizan de forma diferente en función del navegador que esté utilizando.

Si quiere saber cómo desactivar las *cookies* en los navegadores web más habituales, puede acceder a los siguientes tutoriales:

- Google Chrome: https://support.google.com/chrome/answer/95647?hl=es
- Mozilla Firefox: http://support.mozilla.org/es/kb/habilitar-y-deshabilitar-cookies-que-los-sitios-we
- Internet Explorer: https://support.microsoft.com/es-es/help/17442/windows-internet-explorer-delete-manage-cookies
- Safari para IOS (iPhone y iPad): https://support.apple.com/es-es/HT201265

- Chrome para Android: https://support.google.com/chrome/answer/114662?hl=es&visit_id=0-636251939016507987-2717174731&rd=1
- Opera: http://help.opera.com/Windows/11.50/es-ES/cookies.html

El usuario acepta expresamente

El usuario acepta expresamente, por la utilización de este sitio web, el tratamiento de la información recabada en la forma y con los fines anteriormente mencionados. Asimismo, declara conocer la posibilidad de rechazar el tratamiento de tales datos o información, rechazando el uso de *cookies* mediante la selección de la configuración apropiada a tal fin en su navegador. Si bien esta opción de bloqueo de *cookies* en su navegador puede no permitirle el uso pleno de todas las funcionalidades del sitio web.

Notas adicionales:

Ni esta web ni sus representantes legales se hacen responsables del contenido ni de la veracidad de las políticas de privacidad que puedan tener los terceros mencionados en esta política de *cookies*.

Los navegadores web son las herramientas encargadas de almacenar las *cookies* y desde este lugar debe efectuar su derecho a eliminación o desactivación de las mismas. Ni esta web ni sus representantes legales pueden garantizar la correcta manipulación de las *cookies* por parte de los mencionados navegadores. En algunos casos, es necesario instalar *cookies* para que el navegador no olvide su decisión de no aceptación de las mismas.

Casos prácticos

Ejemplo de operador logístico especializado en comercio electrónico

¿Qué servicios suelen ofrecer los operadores logísticos que operan en el comercio electrónico? Hay muchas casuísticas pero, en general, suelen ofrecer un abanico de **servicios integrales sobre cualquier tipo de mercancía** y hacia cualquier destino, nacional o internacional, con tarifas específicas para tiendas online.

1. **Tipologías de transporte y entregas variadas e integradas.** Este tipo de operadores ofertan distintas gamas de entrega (durante el mismo día, al día siguiente, en fecha fija, etc.), en distintos lugares (en domicilio, tiendas colaboradoras o entrega en almacén), así como diferentes modos de seguir y coordinar el envío (mensajes automáticos, entrega interactiva, seguimiento online, etc.). También proporcionan servicios como el pago contrarrembolso, la firma en la recepción, etc.

2. **Logística integral.** Realizan toda la gestión y preparación de pedidos, el transporte o la logística inversa, entre otros.

3. **Gestión de devoluciones.** Las devoluciones suponen una complicación al que se dan una serie de soluciones, que van desde el reembalaje, la destrucción o la reparación.

4. **Integración.** Esta es una de las ventajas diferenciales de los operadores logísticos más especializados. Permiten la integración con los CMS, ERP o SGA de los clientes. Así, algunos permiten la integración a través de plugin con CMS como PrestaShop, Magento o Woocommerce.

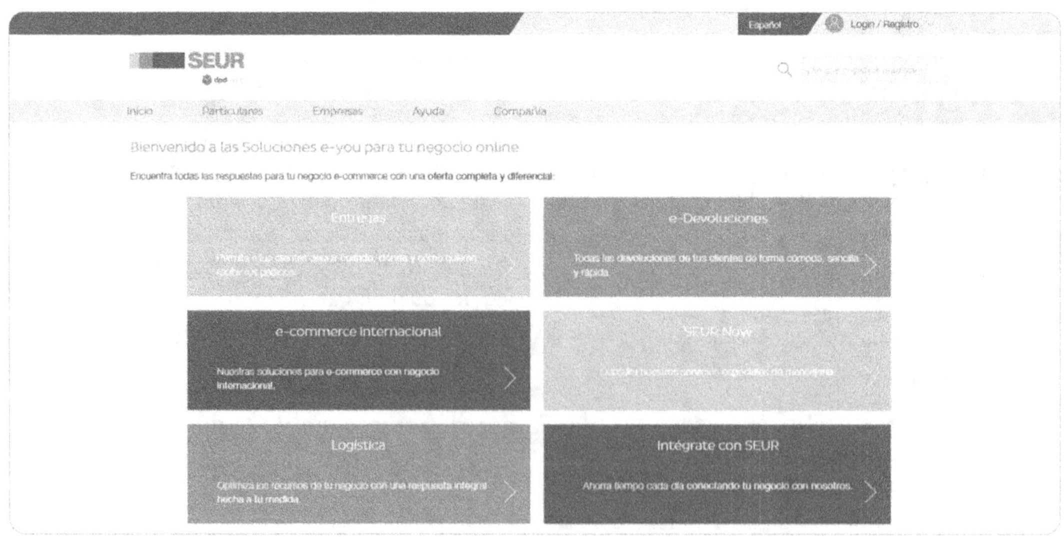

AURUM

Ejemplo de proveedor de embalaje para comercio electrónico

Hay muchas empresas proveedoras de embalaje, sin embargo, el comercio electrónico requiere unas características especiales que hay que considerar. Por ello, algunas empresas se han especializado u ofrecen **líneas de embalaje específicas para pequeños envíos** que ofrezcan la suficiente protección a los productos que deben contener.

Información

Algunas características del embalaje en el comercio electrónico son las siguientes:

- En el diseño se tiene en cuenta el tiempo que requiere realizar el embalaje, ya que este es un factor importante cuando se trabaja con márgenes de beneficio reducidos.

- Existe una gran variedad de tipos de embalaje que permite adaptarse a las más diversas formas de productos unitarios, frente a uniformidad de las cajas tradicionales, pensadas para cantidades medias o grandes.

- Hay soluciones ingeniosas para facilitar la devolución de los productos, como el doble autocierre, las pestañas, etc.

- Puede ser personalizable, mediante ligeras modificaciones; incluye lugares donde colocar un logotipo y otros elementos identificativos o promocionales.

AURUM

Ejemplo de herramienta para el envío masivo de correos

Uno de las técnicas de mercadotecnia online más conocidas es el envío masivo de correos, también conocido como *e-mailing* o buzoneo digital. Para desarrollarla y gestionarla, se hace necesario disponer de una herramienta de envío masivo cuando el **volumen de correos electrónicos es considerablemente alto.** También se requiere un diseño previo del envío, que suele contener enlaces e información de contacto sencillas de recordar o creadas como hipervínculos para que, al clicar sobre ellas, dirijan hacia unos contenidos determinados: promociones comerciales, informaciones, cuestionarios, etc.

acumba mail — Recursos — Integraciones — Servicios — Tarifas — Entra — Regístrate gratis

Tarifas envio	0€/mes GRATUITA	18€/mes 20m	34€/mes 40m	72€/mes 100m	134€/mes 300m	282€/mes 700m	295€/mes 1000m
	contratar	contratar	contratar	contratar	contratar	contratar	contratar
Límite de envíos	2.000 correos/mes	20.000 correos/mes	40.000 correos/mes	100.000 correos/mes	300.000 correos/mes	700.000 correos/mes	1.000.000 correos/mes
Límite de suscriptores	Hasta 250 suscriptores	Sin límite	Sin límite	Sin límite	Sin límite	Sin límite	Sin límite
Límite diario	250 emails/día	Sin límite	Sin límite	Sin límite	Sin límite	Sin límite	Sin límite
Envío extra si agotas tu tarifa	✗	0,00177 € cada correo	0,001652 € cada correo	0,001416 € cada correo	0,000873 € cada correo	0,000826 € cada correo	0,00059 € cada correo
Personalización DKIM / SPF	✗	✓	✓	✓	✓	✓	✓
Analítica en tiempo real	✓	✓	✓	✓	✓	✓	✓
Tracking de comportamiento	✓	✓	✓	✓	✓	✓	✓

Información

Hay servicios de envío masivo de correos con distintas tarifas en función de los destinatarios. Además del volumen de direcciones, disponen de herramientas que permiten controlar y decidir otros parámetros y funcionalidades:

- Límite de envíos.
- Límite de suscriptores.
- Límite diario.
- Envío extra si se agota la tarifa.
- Personalización DKIM/SPF (sistemas de rastreo de correos entrantes).
- Analítica en tiempo real.
- Diseñador de campañas.
- Envío de boletines.
- Correo electrónico transaccional.
- Uso de API.
- Logotipo en los envíos.
- Autorrespuestas.
- Test A/B.

Ejemplo de programa de planificación de rutas

Aunque es importante conocer distintos **métodos de cálculo y optimización de rutas de transporte** para la entrega de productos en su destino final, no es habitual que la empresa gestora de una tienda online o incluso su transportista realicen estos cálculos. Por norma general, se suelen emplear programas de planificación de rutas, que dan soporte a los operadores de tráfico de las empresas transportistas a la hora de gestionar su flota de vehículos.

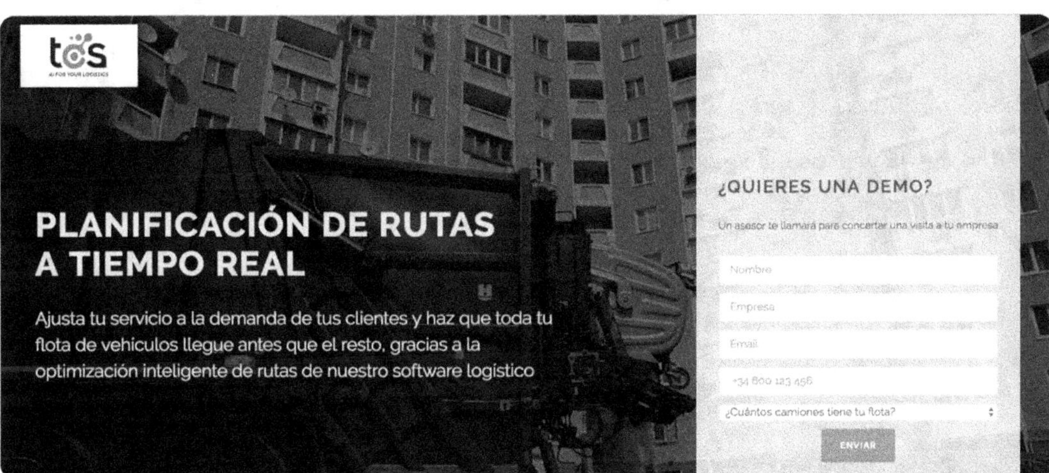

La planificación de rutas suele estar integrada en el sistema general de planificación de recursos empresariales o ERP de una compañía. También se puede realizar mediante herramientas de volcado rápido de los puntos de entrega y las características de los desplazamientos, entre otros factores. Todo ello se basa en sistemas de cálculo, y el resultado acostumbra a ser muy visual y permite optimizar las rutas que se proporcionan a la flota de vehículos de transporte.

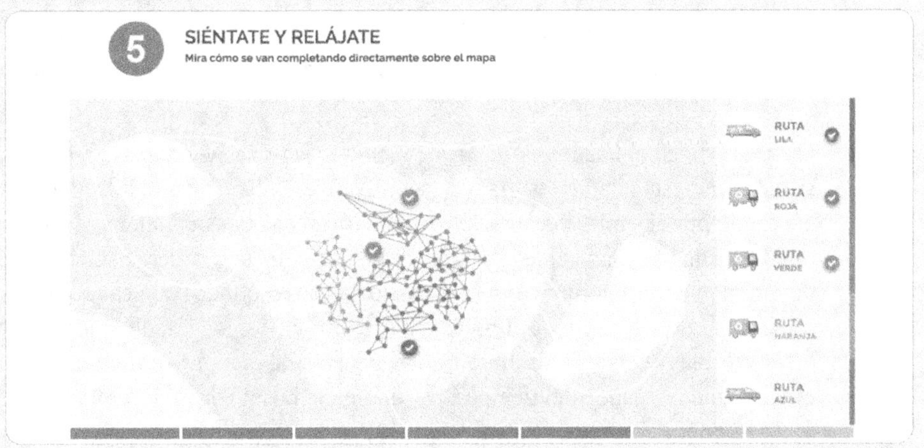

Ejemplo de seleccionador múltiple para operadores logísticos

Buscar y seleccionar empresas proveedoras de servicios en el ámbito del comercio electrónico puede ser una tarea complicada si se empieza desde cero. Sin embargo, hay **plataformas digitales** que facilitan esta labor. Veamos cómo funciona con un ejemplo práctico.

Hay plataformas de ofertas de productos y servicios logísticos que llevan años incorporando empresas proveedoras de todo tipo (transporte, almacenamiento, embalaje, suministros, etc.).

Entre sus funcionalidades están las de localizar servicios y empresas mediante un sistema de búsqueda de resultados especializado en logística. Al introducir en su buscador, por ejemplo, la expresión «Operadores logísticos eCommerce» realiza una rápida búsqueda y lanza multitud de resultados a los que poder solicitar presupuestos de forma masiva. También permiten gestionar los resultados, aplicando filtros para seleccionar previamente por tipologías de los servicios, localización de las empresas y otras ventajas de uso. Estas plataformas, además de facilitar contactos de proveedores especializados, reducen el tiempo invertido en la búsqueda de información, consulta o petición de precios, gracias a sus soluciones integradas.

Ejemplo de logística colaborativa

La colaboración entre las empresas que participan de una misma cadena logística (fabricante, distribuidora comercial, operador logístico, importadora, etc.) permite reducir costos y existencias, evitar las roturas de *stock* o mejorar las previsiones de la demanda, entre otros factores.

También es posible desarrollar estrategias colaborativas en segmentos específicos de la cadena. Frente a grandes multinacionales que poseen importantes cuotas de mercado en el mundo del transporte, hay empresas que apuestan por la logística colaborativa para introducirse en el comercio electrónico.

Logística colaborativa

Palibex apuesta por la logística colaborativa como arma para competir frente a las multinacionales. Nuestra misión es ayudar a empresas regionales de transporte a crecer y modernizar sus procesos pero sin que dejen de prestar una atención personalizada y muy directa a sus clientes locales.

Los franquiciados de Palibex, agrupados en una Red que les permite ampliar sus servicios y ganar cobertura geográfica, pueden competir con grandes corporaciones que cuentan con cientos de delegaciones y vehículos propios.

Actualmente, contamos con cerca de 40 plazas distribuidas por todo el territorio nacional que suman una flota de más de 500 vehículos y emplean a más de 600 personas, lo que convierte a Palibex en la red que más rápido se está extendiendo por España.

Existen empresas logísticas especializadas en el envío de cargas paletizadas, con modelos de prestaciones a los que se puede acceder por diversas vías.

Por un lado, a través de un sistema de franquicia, se fomenta la autogestión de empresas de transporte locales y se ofrece la oportunidad de repartir en una determinada zona la mercancía que mueve la empresa logística directamente.

En otros casos, los transportistas utilizan la empresa logística como un lugar de consolidación de envíos y facilitación de contacto con los clientes, a través de una comisión.

Ejemplo de bases legales para concursos (I)

Convocar un concurso o sorteo a través de redes sociales conlleva la **obligación legal de publicar las bases legales** del mismo. Para facilitar este paso, a continuación se presenta un modelo de bases legales para la promoción de un concurso en redes sociales. Se trata de bases legales de participación, que se deberán adjuntar de manera separada, o anexa, a la política de privacidad.

Modelo de base legal

El siguiente modelo es válido tanto para concursos como para sorteos. Modifíquese el concepto a conveniencia.

1 Objeto y ámbito

[Nombre de la empresa], a través de la cuenta de *[la red social]* siguiente *[URL de la red]* realizará un concurso llamado «...», en el que podrán participar todas las personas usuarias de *[la red social]* mayores de edad de cualquier lugar del mundo, que sean seguidores de *[cuentas que habrá que seguir para participar en el concurso; indicar las redes sociales de la empresa]*.

2 Organización del concurso

La organizadora del concurso es *[nombre de la empresa]*.

3 Duración

La presente promoción se iniciará el día *XXX* y finalizará el día *XXX*.

4 Descripción y mecánica de la promoción

Para participar en el concurso las personas usuarias interesadas deberán:

- Tener un perfil de *[la red social]*.
- Ser seguidoras de las siguientes redes sociales: *[nombre de la red o redes sociales de la empresa, como Facebook, Twitter o Instagram, por ejemplo]*.
- Pinchar en el siguiente enlace log: *[ruta]*.
- En este, a través de tres fotos que se publicarán durante dos semanas, se pedirá a sus seguidores que con el *hashtag #...*, comenten ... *[qué deben de hacer]*.

[La red social] no patrocina, avala ni administra de modo alguno este concurso ni está asociado al mismo.

Las personas usuarias podrán ver en todo momento las participaciones de otras concursantes.

5 Participación

5.1 Quién puede participar

En este concurso podrán participar todas aquellas personas físicas que cumplan los siguientes requisitos: *a)* ser mayor de 18 años; *b)* cumplir la mecánica descrita en el apartado 4 anterior; y *c)* ser seguidor de las siguientes cuentas: *[nombre de la red o redes sociales de la empresa]*.

[Continúa en la página siguiente]

Ejemplo de bases legales para concursos (II)

[Viene de pág. anterior]

[Nombre de la empresa] se reserva el derecho a introducir cambios en la mecánica o el funcionamiento de este concurso en cualquier momento o finalizarlo de forma anticipada si fuera necesario por justa causa, sin que de ello pueda derivarse responsabilidad alguna. No obstante, estos cambios se comunicarán debidamente a través de la página del concurso o perfil de *[la red social]* de la empresa y, en su caso, otros medios. La empresa hará todo lo posible para evitar que ningún cambio perjudique a unos participantes respecto de otros.

Al participar en esta promoción reconoces y aceptas que los derechos de propiedad intelectual sobre los materiales de esta promoción corresponden a *[nombre de la empresa]*. La reproducción, distribución o transformación no autorizada de cualesquiera materiales publicitarios o promocionales constituye una infracción de los derechos de propiedad intelectual del titular.

No podrán participar en esta promoción:

- Personas accionistas, directoras o empleadas de *[nombre de la empresa]*.

- Cónyuges, hijos, padres y demás personas que vivan a expensas de las indicadas en el punto anterior.

- Cualquier persona que, a cualquier título, haya participado en la preparación de la presente promoción y sus personas vinculadas, según lo descrito en el apartado anterior.

[Aquí se deberían especificar los requisitos y condiciones que cada empresa considere.]

6 Descripción del premio

6.1 Premio

El premio objeto del presente concurso consiste en *[identificar premio]*.

El premio está valorado en *XXX* €/$.

[Aquí hay que determinar si el premio es para todos por igual o, en caso de que dependa por ejemplo de dónde viva la persona ganadora, hay que especificar si hay gastos pagados, las posibles limitaciones, qué incluye y excluye, etc.]

Las condiciones del mencionado premio serán las siguientes:

[Aquí hay que determinar las fechas en las que se podrá disfrutar del premio. Si se acotan fechas, simplemente se puede incluir un breve texto indicando que la fecha del disfrute del premio es a convenir entre la empresa y la persona premiada].

6.2 Naturaleza de los premios

Los premios del presente concurso no podrán en ningún caso ser objeto de cambio, alteración o sustitución por otro premio, ni podrán canjearse por su valor en metálico.

Asimismo, los premios son intransferibles, aun cuando la persona ganadora del premio renunciara al mismo. En el caso de que esta no reúna los requisitos expresados en estas bases o renunciara al premio, este quedará desierto.

[Continúa en la página siguiente]

AURUM

[Viene de pág. anterior]

6.3 Autorización

La persona ganadora autoriza a *[nombre de la empresa]* a reproducir y utilizar su nombre y apellidos, dirección e imagen, en cualquier actividad publicitaria o promocional relacionada con el premio, sin que dicha utilización le confiera derecho de remuneración o beneficio alguno con excepción hecha de la entrega del premio ganado.

Las personas participantes en el sorteo autorizan a *[nombre de la empresa]* a la utilización de sus datos, para el envío de futuras promociones y sorteos. Los datos pasan a ser parte de las bases de datos de la empresa.

7 Elección de la persona ganadora

- De entre todas las personas participantes, se elegirá de la siguiente manera: *[determinar]*.

- Solo serán válidas las participaciones en las que la persona usuaria se haga seguidora del perfil de la empresa en las siguientes *[nombre de la red o redes sociales de la empresa]*.

- Las personas suplentes sustituirán a la ganadora o, en su caso, a la suplente correspondiente, cuando concurra identificación incompleta o incorrecta, o incumplimiento de los requisitos exigidos en las presentes bases, o imposibilidad de su localización, conforme a lo establecido,

o por cualquier causa no imputable a *[nombre de la empresa]*.

Las bases de la presente promoción serán depositadas ante el notario *[indicar datos de la notaría]*.

8 Entrega del premio

La empresa comunicará a la persona ganadora el premio obtenido en el plazo máximo de los tres días siguientes a la fecha en la que se haya comunicado su elección, mediante un mensaje directo a través de la plataforma *[la red social]*, donde se le pedirá que proporcione sus datos de contacto (nombre, apellidos, teléfono y correo electrónico).

Además, se informará de la forma de proceder para la entrega del premio así como de las condiciones para su disfrute. Asimismo, desde las redes sociales de la empresa se comunicará quién ha sido la elegida y que para consultarlo deberá acceder a la web corporativa.

La persona ganadora deberá acreditar a *[nombre de la empresa]* los requisitos exigidos en las presentes bases. Contará con un máximo de tres días para responder al mensaje. En el caso de no recibir contestación dentro del plazo indicado, *[nombre de la empresa]* entenderá que la ganadora renuncia al premio y repetirá, en su caso, el mismo proceso con la suplente que corresponda.

[Continúa en la página siguiente]

Ejemplo de bases legales para concursos (IV)

[Viene de pág. anterior]

9 Actuaciones irregulares

En el caso de que la empresa o cualquier entidad vinculada profesionalmente al presente concurso detecten alguna anomalía o sospechen que un participante está impidiendo el normal desarrollo de la promoción, alterando ilegalmente su participación mediante cualquier procedimiento técnico o informático, para así falsear su participación, podrán de forma unilateral eliminar su inscripción. Se han habilitado soportes tecnológicos para detectar cualquier posible actuación fraudulenta, anómala o dolosa que pretenda alterar la participación con el objetivo de lograr el premio de forma ilícita.

Está prohibido crear o tener más de un perfil en *[la red social]*. La empresa se reserva el derecho de invalidar, expulsar, eliminar o no tener en cuenta en el cómputo aquellos perfiles que considere sospechosos de cualquier intento de registro de más de un perfil de usuario por parte de una persona, creación de perfiles falsos o usurpación de identidad. Asimismo, ante cualquier sospecha en este sentido, podrá ponerla en conocimiento de *[la red social]* para que adopte las medidas que correspondan. Igualmente, la empresa se reserva el derecho a descargar y excluir del concurso cualquier comentario enviado por los usuarios cuando lo considere oportuno y podrá emprender las acciones legales que pudieran corresponderle.

10 Política de privacidad y protección de datos

Para participar en el presente concurso, la persona participante facilitará sus datos personales y dará su consentimiento para que estos sean introducidos en el fichero de protección de datos de carácter personal titularidad de la empresa, pudiendo ser utilizados para futuras acciones publicitarias, promocionales o de marketing, incluyendo el envío de ofertas comerciales de los productos y servicios de su grupo empresarial.

[Nombre de la empresa] garantiza la confidencialidad de los datos personales y se compromete a no cederlos a ninguna persona o entidad ajena a su red de distribución.

De acuerdo con la legislación vigente en protección de datos, la persona participante podrá dirigirse por escrito en cualquier momento a *[nombre de la empresa]* para acceder a sus datos, rectificarlos, cancelarlos u oponerse a su utilización o cesión, así como para revocar su consentimiento para la recepción de comunicaciones comerciales, y el ejercicio de los derechos complementarios descritos en *[especificar la ley del país]*, incluyendo aquellas enviadas por correo electrónico o mensajes de texto (SMS), de conformidad con la *[especificar la ley del país]*.

[Continúa en la página siguiente]

AURUM

Ejemplo de bases legales para concursos (V)

[Viene de pág. anterior]

11 Comunicación del sorteo

El sorteo será comunicado a través del perfil de *[nombre de la empresa]* en *[la red social]*.

Se usarán los perfiles de la empresa en *[nombre de la red o redes sociales de la empresa]* para dar a conocer la dinámica del concurso, pero en ningún caso la participación se alojará en estos perfiles. Ninguna de estas plataformas patrocina, avala ni administra de modo alguno este concurso ni están asociadas al mismo.

12 Miscelánea

12.1 Nulidad parcial

La anulación de alguna de las cláusulas o condiciones de participación no afecta a la validez de las cláusulas o condiciones restantes.

12.2 Derechos de la empresa organizadora del concurso

- La empresa se reserva el derecho de no otorgar el premio a participantes que no tengan derecho a participar en el presente concurso de conformidad con lo establecido en estas bases.

- La empresa se reserva el derecho de efectuar, en su caso, las aclaraciones o interpretaciones necesarias o de establecer las modificaciones que fueren pertinentes en caso de contradicción o de imposibilidad de cumplimiento de las condiciones de participación o cláusulas aquí establecidas, a lo cual los participantes prestan su consentimiento por el mero hecho de participar.

- Asimismo, la empresa se reserva el derecho de reducir o ampliar la duración de la presente promoción, suspenderla, aplazarla o cancelarla justificadamente en cualquier momento sin previo aviso, si considerara que así lo exigen las circunstancias, cumpliendo, en cualquier caso, con los requisitos legales que correspondan.

- La empresa se reserva el derecho de contratar con las sociedades que considere oportuno la realización de determinadas actividades relacionadas con la gestión y ejecución de la presente promoción.

12.3 Exención de responsabilidad

La empresa no se hace responsable de los problemas técnicos de conexión que puedan surgir durante la comunicación electrónica, en concreto, respecto de fallos de internet o del perfil de *[la red social]*.

De igual modo, la empresa no se responsabilizará en ningún caso de cualquier circunstancia imputable a las compañías tecnológicas o a terceros que puedan afectar al envío de los datos en la presente promoción.

[Continúa en la página siguiente]

Ejemplo de bases legales para concursos (VI)

[Viene de pág. anterior]

Salvo la derivada de dolo o negligencia grave, se excluye la responsabilidad por parte de la empresa respecto de cualquier reclamación derivada del presente concurso y, en particular, la de los anteriores supuestos, de los casos de ampliación o reducción de la promoción o cancelación de la misma, de acuerdo con lo dispuesto en la cláusula 12.2 anterior.

La empresa queda exenta de toda responsabilidad que pudiera derivarse de los eventuales errores existentes en los datos facilitados por la persona participante ganadora, en el caso de que no sea posible su identificación.

La ganadora exime a la empresa, sus filiales, empresas asociadas y personal dependiente de las mismas de cualquier responsabilidad derivada de cualquier perjuicio que pudiera sufrir durante el disfrute del premio objeto del presente sorteo.

12.4 Legislación aplicable

Al premio objeto del presente concurso, le será de aplicación la *[especificar la ley o las leyes vigentes en el país]*, correspondiendo, en su caso, a la empresa, la realización del ingreso a cuenta o la práctica de la retención procedente, del impuesto sobre la renta.

Corresponderá a la empresa la realización e ingreso del correspondiente ingreso a cuenta, que no será repercutido a la persona premiada. Tampoco serán repercutidos a esta cualquier coste o tributo indirecto a los que el premio queda sujeto.

Sin perjuicio de lo anterior, la empresa no se responsabilizará de los impuestos que puedan surgir en la declaración del impuesto sobre la renta de la persona agraciada en el ejercicio fiscal correspondiente, al incorporar en la base imponible general las rentas imputables con motivo del premio, de acuerdo con las reglas de valoración del tributo.

A los efectos anteriores la empresa aportará el correspondiente certificado de retenciones e ingresos a cuenta del impuesto sobre la renta.

12.5 Interpretación de las bases y resolución de conflictos

La interpretación y el incumplimiento de las presentes bases se regirán por la legislación *[especificar el país]*. Cualquier controversia que resultara de la interpretación o cumplimiento de las presentes bases, se someterá a los juzgados y tribunales de la ciudad de *[indicar según localización de la empresa]*.

Anexo 1. Tipos de licencia Creative Commons

Los símbolos utilizados para la atribución de licencias Creative Commons son:

Módulo fijo

 **Atribución (BY):** el reconocimiento de la autoría es un derecho moral irrenunciable por parte del autor y todas las licencias deben respetarlo y aplicarlo siempre.

Módulos variables

 **Compartir Igual (SA):** permite obras derivadas bajo exactamente la misma licencia o una similar (una licencia CC más actualizada o de otra jurisdicción).

 **No uso Comercial (NC):** prohíbe que a obra sea utilizada con fines comerciales directos o indirectos (ej: hilo musical en un negocio).

 **No Obras Derivadas (ND):** no permite modificar de forma alguna la obra (ej. traducción de una obra literaria).

Con la combinación de los símbolos se llegan a obtener las siguientes licencias entre las cuales se puede escoger

 **Reconocimiento (by):** Se permite cualquier explotación de la obra, incluyendo una finalidad comercial, así como la creación de obras derivadas, la distribución de las cuales también está permitida sin ninguna restricción.

 **Reconocimiento – No Comercial (by-nc):** Se permite la generación de obras derivadas siempre que no se haga un uso comercial. Tampoco se puede utilizar la obra original con finalidades comerciales.

 **Reconocimiento – NoComercial – Compartir Igual (by-nc-sa):** No se permite un uso comercial de la obra original ni de las posibles obras derivadas, la distribución de las cuales se debe hacer con una licencia igual a la que regula la obra original.

 **Reconocimiento – NoComercial – Sin Obra Derivada (by-nc-nd):** No se permite un uso comercial de la obra original ni la generación de obras derivadas.

 **Reconocimiento – Compartir Igual (by-sa):** Se permite el uso comercial de la obra y de las posibles obras derivadas, la distribución de las cuales se debe hacer con una licencia igual a la que regula la obra original.

 **Reconocimiento – Sin Obra Derivada (by-nd):** Se permite el uso comercial de la obra pero no la generación de obras derivadas.

RFQ	SOLICITUD DE COTIZACIÓN

1.DATOS DE LA EMPRESA

NOMBRE	COBALSA	DIRECCIÓN	POL. IND ALBATROS, CALLE MUELLE 11, 03012 ALBATERA, ALICANTE
TELÉFONO	965 347 567	CORREO ELECTRÓNICO	transporte@cobalsa.com
PERSONA DE CONTACTO	ANGLE RODODENDRO	CARGO	OPERADOR DE TRANSPORTE
FECHA LANZAMIENTO RFQ	20/12/2018	FECHA MÁXIMA RECEPCIÓN	09/01/2019

2. DESCRIPCIÓN DEL SERVICIO SOLICITADO

PORTES DE CARGA COMPLETA ENTRE ALBATERA Y MADRID 2019

3.PRESENTACIÓN

SE TRATA DE UN SERVICIO DE CARGA COMPLETA (24 TN) DE PALETS DE PIEZAS DE REPUESTO) QUE HAN DE SUMINISTRARSE SEMANALMENTE Y DE FORMA REGULAR ENTRE ALBATERA Y MADRID.

EL PROPÓSITO DE ESTA RFQ ES FIJAR LA EMPRESA QUE SE HAGA CARGO DE ESTE SERVICIO ENTRE ENERO Y DICIEMBRE DE 2019

4. VOLUMENES E INFORMACIÓN VARIA

SE CALCULA QUE EL TOTAL DE VIAJES REQUERIDOS SERÁN DE 8 MENSUALES X 11 MESES = 88 VIAJES

LOS DÍAS DE LA SEMANA DE SALIDA SERÁN SIEMPRE MARTES Y JUEVES

SE CALCULA QUE EL TOTAL DE VIAJES REQUERIDOS SERÁN DE 8 MENSUALES X 11 MESES = 88 VIAJES

5. REQUERIMIENTOS DEL SERVICIO

SE PRECISAN CAMIONES TIPO TAUTLINERS CON UNA CAPACIDAD DE CARGA ÚTIL NO INFERIOR A 24TN

NO SE PRECISA NINGÚN EQUIPO ESPECIAL, SALVO EL HABITUAL PACK DE CINTAS DE AMARRE Y ANTDESLIZANTE

6. GARANTÍAS CUBIERTAS

DEBE CONTARSE, ADEMÁS DE CON UN SEGURO OBLIGATORIO, CON UNO COMPLEMENTARIO DE MERCANCÍAS PARA CUBRIR EL 100% DEL IMPORTE EN CASO DE DAÑOS

7. PLANTILLA PARA COTIZACIÓN

PORTE DE CARGA COMPLETA (24TN) ALBATERA - MADRID	€/ VIAJE
PORTE DE MEDIO CAMIÓN (12 TN) ALBATERA - MADRID	€/ VIAJE
RETORNO DE CARGA COMPLETA (24TN) MADRID - ALBATERA	€/ VIAJE

OBSERVACIONES

Datos Generales a rellenar por el proveedor

RAZON SOCIAL	
DIRECCIÓN FISCAL	
PERSONA DE CONTACTO	
TELÉFONO	
CORREO	
FACTURACIÓN 2017	

Procedencia de las ilustraciones

1&1, H4.3
Acumbamail, H9.7
Agencia Tributaria, H2.4
Alibaba Group, H1.4
Alicante Cultural, H3.34
AlterKeys, H4.7
Amazon, H1.4, H5.8, H6.26
Apple, H1.3c, H7.6
Arsys, H4.4
Autoscout, H2.3
Avancar, H4.7
BlaBlaCar, H4.7
Bluemove, H4.7
Brit + Co, H7.17
Cabify, H4.7
Chicfy, H4.7
Cooperativa Integral Catalana, H4.12
Copyright, H3.11
Creative Commons, H3.12, Anexo 1
Custo, H7.2
DHL, H6.22
Dolce & Gabanna, H2.2
EatWith, H4.7
Ebay, H1.4
Elaboración propia, H6.23, H6.24, Anexo 2
Ericsson, H1.3b
Estado de México, H2.7
Etece, H4.7
Facebook, H5.6, H7.2, H7.12, H7.13
Fairmondo, H4.9
Fernández Sasiaín, Francisco, H6.27
Flickr, H8.7
Fon, H4.9
Freelabster, H6.28
Freepik (Premium), H3.1, H3.2, H3.7, H3.10,
   H3.14, H3.16, H3.18–H3.22, H3.24, H3.26–H3.28,
   H3.30–H3.32, H3.36–H3.39, H3.41, H3.43, H3.44,
   H3.50, H3.51, H3.53, H4.6, H6.1, H6.25, H6.30,
   H6.32, H7.4, H7.8, H7.14, H7.15, H8.5, H8.8, H8.10,
   H8.11, H8.13
Gigoing, H4.7
Gobierno de España, H3.40
Godaddy, H4.5
Google, H5.2, H5.3
Google Adwords, H5.1
Goteo, H4.10
GNU/Linux, H4.8
Gtmetrix, H5.4
Habitissimo, H2.9
Hernández Barrueco, Luis Carlos, H6.3–H6.20
i-Datos, H3.4
IBM, H1.3a

Infogram, H5.5
Instagram, H7.3
ISEC, H7.7
Jorge Lorenzo, H7.13
La Colmena Que Dice Sí, H4.9
Lexus España, H7.9b
LG España, H7.13
Linkedin, H5.7, H7.9a, H7.9b, H7.17
Logismarket, H2.1
Magento, H9.2
Mangopay, H4.7
Mecalux, H9.9
Movistar, H1.1
Myfixpert, H4.7
Nike, H7.5
Nutresa, H2.8
Only-apartments, H4.7
Opencart, H9.2
Osakidetza / Servicio de Salud Vasco, H2.5
Pallibex, H9.10
Panama Jack, H5.6
Piensa Solutions, H9.1
Pingdon, H5.4
Pinterest, H3.25
Portinos, H3.6
PrestaShop, H9.2, H9.3
Quèviure, H4.9
Rajapack, H9.6
Rakuten, H1.4
Rentalia, H4.7
Respiro, H4.7
Setir, H6.21
Seur, H9.5
Sherpandipity, H4.7
SocialCar, H4.7
SlideShare, H7.9a
Sri Ecuador, H2.6
Starbucks, H7.3
Suop, H4.7
TCOS, H9.8
Traity, H4.7, H4.13
Transferzero, H8.14
Trip4real, H4.7
Twitter, H7.13
Uber, H4.9
Valassys, H8.12
Vente privee, H1.4
Vimeo, H7.7
WesmartPark, H4.7
Wikipedia, H4.8
Wizishop, H6.31
Youtube, H7.5, H7.16
Zank, H4.10

Manual de gestión aduanera. Normativas y procedimientos clave del comercio internacional
Pedro Coll

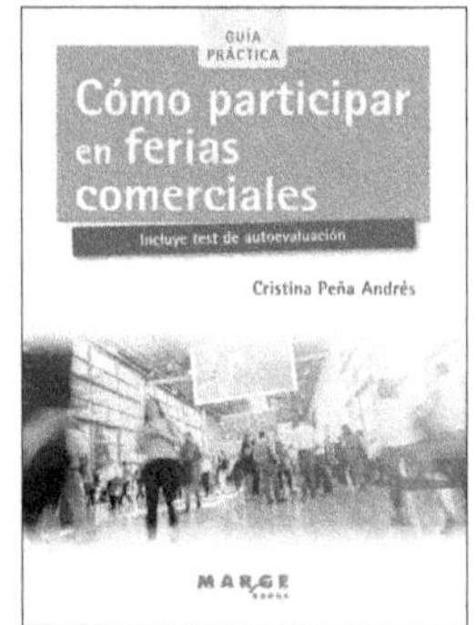

Cómo participar en ferias comerciales
Cristina Peña Andrés

Manual del comercio electrónico
*Eva María Hernández Ramos,
Luis Carlos Hernández Barrueco*

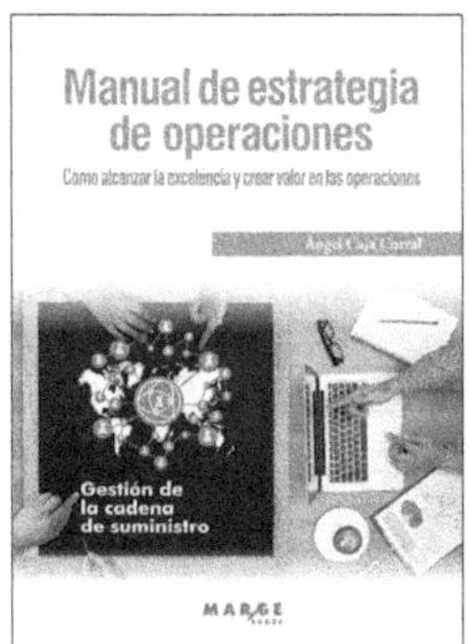

Manual de estrategia de operaciones
Ángel Caja Corral

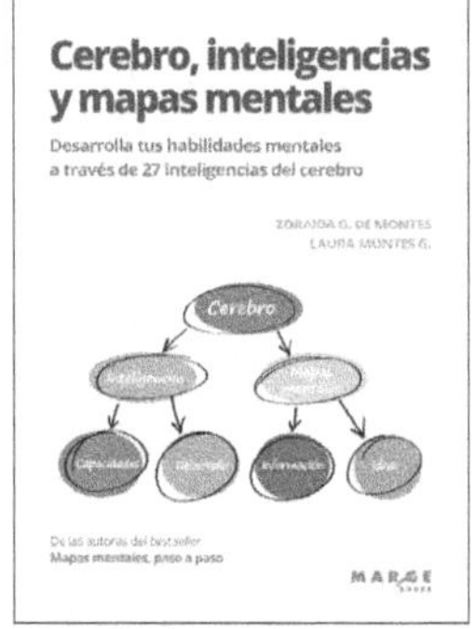

Cerebro, inteligencias y mapas mentales
*Zoraida G. de Montes,
Laura Montes G.*

La Industria 4.0 en la sociedad digital
*Antoni Garrell Guiu,
Llorenç Guilera Agüera*

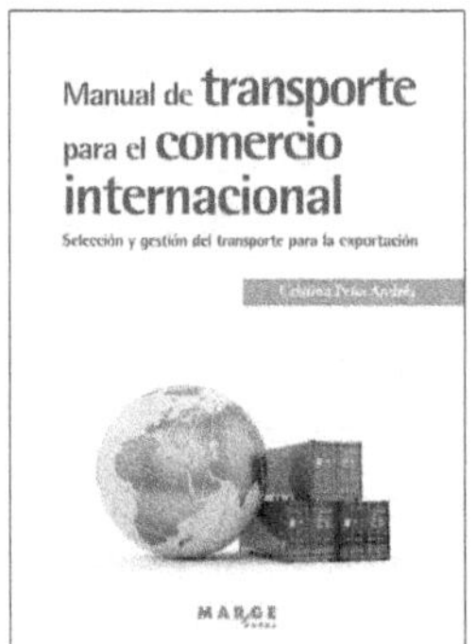

Manual de transporte para el comercio internacional
Cristina Peña Andrés

Manual de gestión de almacenes
Sergi Flamarique

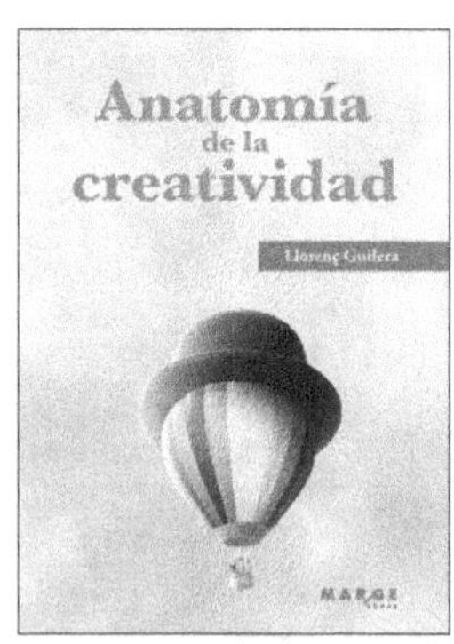

Anatomía de la creatividad
Llorenç Guilera Agüera

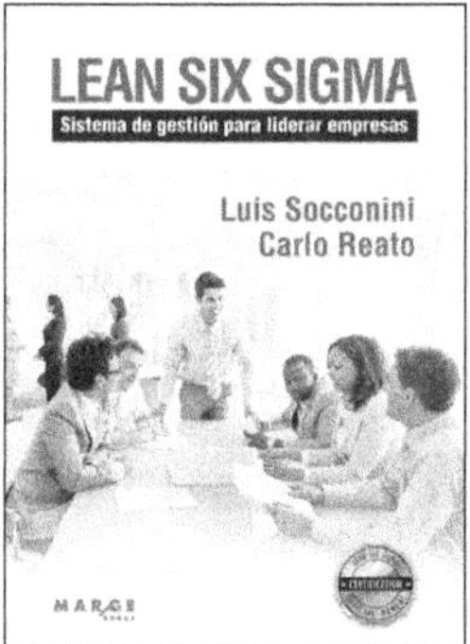

Lean Six Sigma. Sistema de gestión para liderar empresas
Luis Socconini, Carlo Reato

Lean Company. Más allá de la manufactura
Luis Socconini

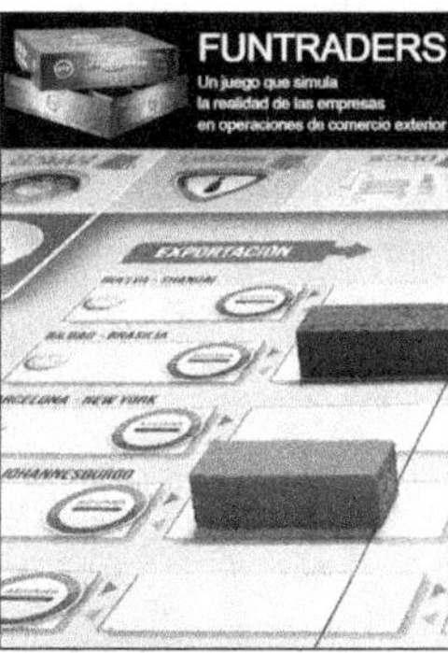

FUNTRADERS Un juego para aprender comercio internacional

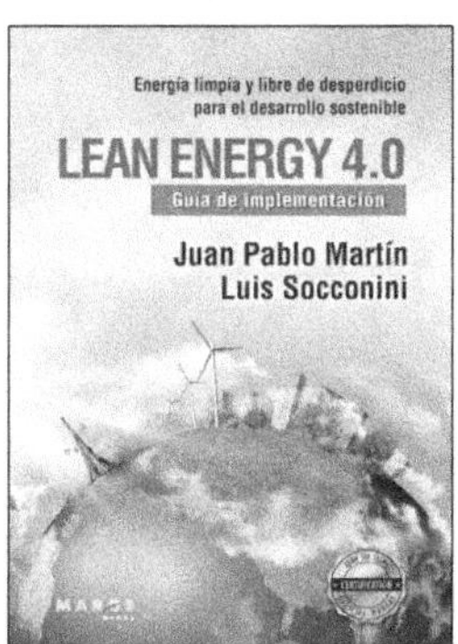

Lean Energy 4.0. Guía de Implementación
Luis Socconini, Juan Pablo Martín

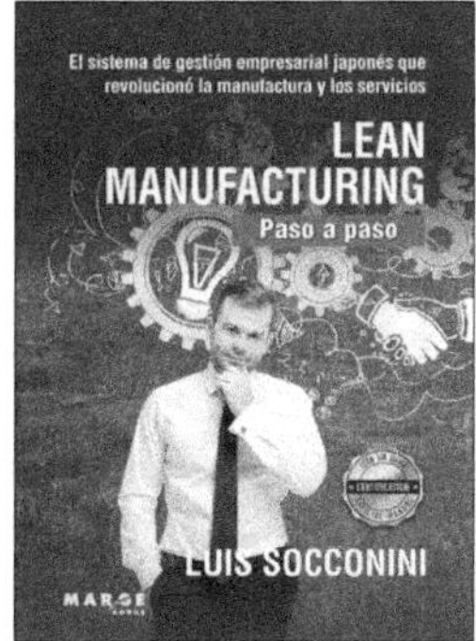

Lean Manufacturing. Paso a paso
Luis Socconini

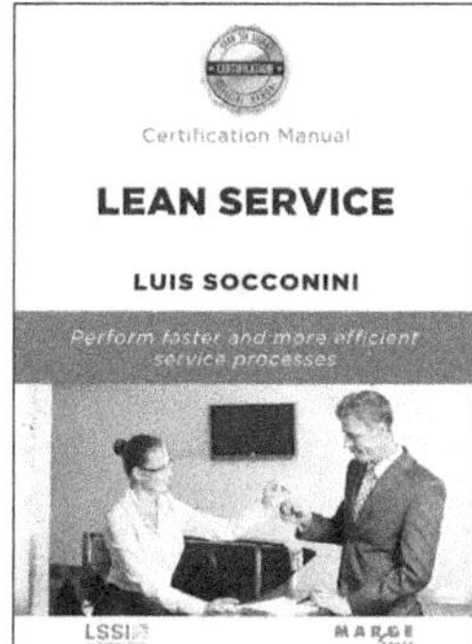

Lean Services. Certification Manual
Luis Socconini

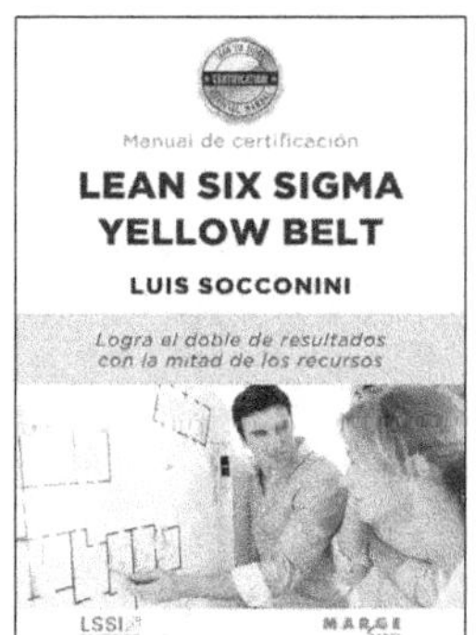

Lean Six Sigma Yellow Belt. Manual de certificación
Luis Socconini

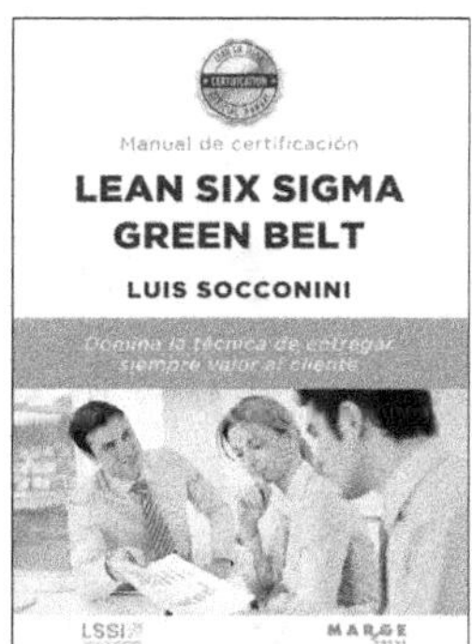

Lean Six Sigma Green Belt. Manual de certificación
Luis Socconini

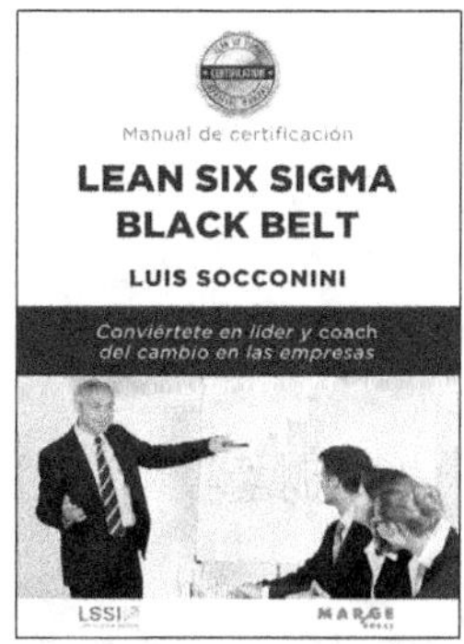

Lean Six Sigma Black Belt. Manual de certificación
Luis Socconini

MARGE BOOKS

València, 558 – 08026 Barcelona – Tel. +34-931 429 486 – marge@margebooks.com – www.margebooks.com

www.ingramcontent.com/pod-product-compliance
Lightning Source LLC
LaVergne TN
LVHW081045210726
843510LV00014B/943

9 788418 532368